생각이 나를 괴롭힐 때

The Intrusive Thoughts Toolkit:
Quick Relief for Obsessive, Unwanted, or Disturbing Thoughts
By Jon Hershfield, Tom Corboy, Sally M. Winston, Martin N. Seif,
Catherine M. Pittman, Elizabeth M. Karle, William J. Knaus, Jennifer Shannon,
David A. Carbonell, Amy Johnson

생각이 나를 괴롭힐 때

불안과 걱정을
흘려보내는
44가지 방법

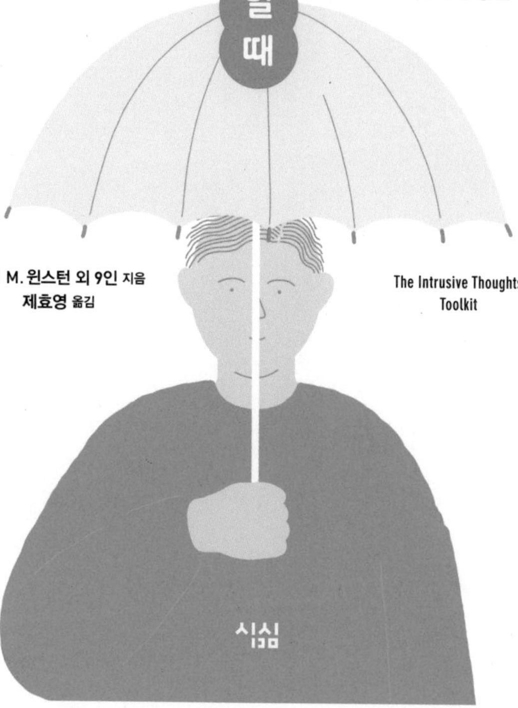

샐리 M. 윈스턴 외 9인 지음
제효영 옮김

The Intrusive Thoughts Toolkit

심심

일러두기

- 본문의 각주 중 ○는 지은이 주, ✔는 옮긴이 주입니다.

들어가는 말

원치 않는 생각✔은 아무런 경고 없이 언제든지 불쑥 떠오를 수 있다. 그 생각이 머릿속에 계속 남아 마음을 어지럽히면, 큰 괴로움과 자기 마음에 배신당한 듯한 절망감마저 느낀다.

원치 않는 생각은 없애려고 하거나 무시할수록 강렬해져서 상황을 더욱 나빠지게 만든다. 실제로 수백만 명이 불쑥 끼어드는 괴로운 생각과 씨름하며 살아간다. 도움받

✔ 자신의 의지와 상관없이, 아무 이유도 없이 불쑥 떠올라서 마음을 불편하게 만드는 모든 생각을 가리킨다. 야한 생각, 폭력적인 생각, 비도덕적인 생각, 독실하게 믿는 종교의 교리와 어긋나는 생각 등이 포함되며 그만 생각하고 싶어도 마음대로 조절되지 않는 특징이 있다. 누구나 겪는 일이고 아무렇지 않게 넘어가는 사람들도 있지만 그런 생각에 큰 불안과 수치심을 느끼는 사람들도 있다.

을 방법을 찾다가 강박장애나 사회불안장애, 공황장애 등 다양한 진단을 받는 사람도 있고, 혼자 조용히 해결해보려고 애쓰는 사람도 있다. 어느 쪽이든 지금 원치 않는 생각으로 고통받고 있다면 평온함을 되찾을 방법이 분명히 있다는 것을 꼭 알려주고 싶다.

이 책은 원치 않는 생각으로 고통받는 사람들을 위해 썼다. 원치 않는 생각이 왜 그토록 성가신지 설명하고, 이로 인한 고통과 괴로움에서 벗어나려면 어떻게 해야 하는지 안내한다. 이 책에는 정신건강 분야 최고의 전문가들이 제시한 가장 손쉽고 효과적인 훈련과 기술, 실천 방안이 담겨 있다. 모두 세계 곳곳에서 실시된 다양한 연구로 효과가 검증된 확실한 치료법으로, 필요할 때 바로 활용할 수 있도록 구성했다. 특히 반복적으로 떠오르는 원치 않는 생각을 진정시키는 데 효과가 뛰어난 마음챙김°과 인지행동치료°°의 원리를 반영한 방법이 포함되어 있다.

이 책은 원치 않는 생각에 빼앗긴 삶을 되찾을 수 있

° 마음챙김이란 지금 일어나는 일을 있는 그대로 정확하게 인정하고 받아들이는 것이다. 마음이 뇌로 전달된 정보를 어떻게 다루는지 알아차리는 기술, 즉 마음에서 일어나는 각각의 반응과 패턴, 경향을 파악하는 기술을 말한다.

도록 마음챙김과 인지행동치료, 그 밖에 검증된 치료법을 기반으로 한 여러 기술을 소개한다. 이 기술을 활용하면 불쑥 떠오르는 불필요한 생각이 점차 줄고 마음이 편안해질 것이다.

불안감은 어떻게 생겨날까

원치 않는 생각에서 벗어나도록 도와줄 도구를 모으기 전에, 뇌가 기능하는 방식과 불안감이 어떻게 생기는지 알아두면 도움이 된다. 먼저 불안감은 뇌의 신경 경로인 피질 경로와 편도체 경로에서 시작된다.

피질 경로는 감각, 생각, 논리, 상상, 직감, 의식적인 기억, 계획 수립과 관련이 있다. 의식이 관여하는 경로이므로 불안치료에서는 보통 이 경로를 활용한다. 우리가 피질 경

○○ 인지행동치료는 불필요한 두려움과 불안을 해소하는 효과가 있다. 이 치료법은 인지기능(생각, 머릿속에 떠오르는 이미지, 기억)과 감정, 행동이 모두 하나로 얽혀 있다는 기본 개념을 토대로, 그중 한 가지를 바꾸면 다른 요소에도 영향이 발생한다고 본다.

로를 거쳐서 전달되는 일을 더 잘 인식하고, 피질의 기능을 활용해서 기억하고 집중한 정보에 더 쉽게 접근하는 경향이 있다는 의미다. 어떤 생각이 불안감을 키우는 다른 특정한 생각이나 이미지로 계속 전환될 때, 의심스러운 일에 집착할 때, 걱정에 사로잡힐 때, 문제 해결 방법을 찾아내려고 골몰할 때 느끼는 불안은 피질 경로에서 시작됐을 확률이 높다.

편도체 경로는 불안을 느낄 때 몸에 강한 영향을 준다. 편도체는 뇌의 다른 영역과 무수히 연결되어 있어서 매우 빠르고 다양한 신체 반응을 일으킨다. 예를 들어, 아드레날린이 급증하고, 혈압과 심박수가 높아지고, 근육이 긴장하는 데 0.1초도 채 걸리지 않는다. 편도체 경로에서는 우리가 인식할 수 있는 생각이 만들어지지 않으며 정보처리 속도도 피질 경로보다 훨씬 빠르다. 우리가 불안을 느낄 때 나타나는 여러 반응은 의식적인 인지나 통제 과정 없이 나타난다. 뚜렷한 이유가 없거나 비논리적인 일로 느끼는 불안감 또한 편도체 경로에서 생겨난다. 편도체의 작용을 인식하는 방식은 사람마다 다른데, 그동안 편도체의 영향을 경험해온 방식, 즉 신체 변화와 긴장, 특정 상황을 피하려는 마음이나 공격적인 충동과 같은 개개인의 경험에 좌우된다.

이제 뇌에서 불안이 어떻게 생겨나는지 이해했을 것이다.

이 책 활용법

이 책에서는 먼저 원치 않는 생각에는 어떤 종류가 있고, 그 생각이 왜 생기는지부터 살펴본다. 초대하지 않은 생각이 작용하는 방식뿐만 아니라 그 생각과 맞서지 않으려면 어떻게 해야 하는지도 설명한다. 불편한 생각에 익숙해지는 방법과 생각이 계속 이어지게 만드는 덫이나 방아쇠가 되는 요소도 짚어준다. 원치 않는 생각의 특징과 그런 생각을 받아들이는 기술을 알고 나면, 자신이 하는 그러한 생각이 불안감이나 걱정과 어떤 관련이 있는지 살펴볼 수 있다. 그 다음, 원치 않는 생각에서 자유로워질 수 있는 추가 도구와 유용한 기술을 연마한다. 괴로운 생각을 진정시키고, 줄이고, 그 생각에 얽매이지 않고 자유롭게 살아가는 데 도움이 되는 방법들을 연습한다.

필요할 때 바로바로 쓸 수 있는 기술을 제공하는 것이 이 책의 목적이다. 하지만 여기에 소개한 기술을 전부 시도할 필요는 없다. 자신에게 잘 맞는 기술을 찾았다면 그것을 꾸준히 활용하면 된다. 또한 이 책에서 소개한 모든 기술은 필요할 때마다 상황에 맞게 활용할 수 있다. 효과가 없다고 느껴지면 다른 방법을 시도해보자. 그리고 이 책을 읽을 때만큼은 자기 자신을 가장 중요하게 생각하자. 그럼 필요한 도구를 찾으러 가보자.

차례

2부 생각 분리 연습

3부 불편한 생각을 마주하는 법

4부 강박에서 빠져나오기

5부 불안한 생각이 사라지지 않을 때

6부 걱정에 휘둘리지 않는 자세

7부 편안함에 이르는 길

1부

원치 않는 생각이란?

실천 1

나도 모르게 불쑥 떠오른다

알아야 할 사실

원치 않는 생각을 경험하지 않는 사람은 거의 없다. 갑자기 머릿속에 불쑥 떠오르거나 일부러 떠올리는 생각과는 흐름이 맞지 않는 생각이 있다. 이는 아주 흔한 일이며, 대부분 금세 잊는다. 그 생각 때문에 불편해지는 경우는 별로 없다. 원치 않는 생각으로 괴로워하거나 걱정하지 않는 사람은 이 일을 좀 이상하고 거슬리지만 재밌다고 느낀다. 가끔 당황스럽긴 해도 대부분 지속 시간이 아주 짧다. 그래서 굳이 남에게 이야기하거나 다시 떠올려보는 경우는 드물다. (굉장히 웃긴 생각이 아닌 이상) 언급할 가치가 없다고 여긴다.

하지만 예전에 잠깐 떠올랐던 원치 않는 생각이 다시 떠올라서 당혹스러울 때가 있다. '아, 예전에 이 엘리베이터에서 정말 이상한 경험을 했던 기억이 나. 난데없이 큰 소리로 야한 말을 해보고 싶은 생각이 불쑥 들었지.' 엘리베이터와 야한 말을 크게 외쳐 볼까 하는 생각이 일시적으로 한 묶음이 되어 서로 연관성을 갖게 된 것인데, 특별한 의미는 없다. 원래 인간은 수많은 생각 속에서 이런 연관성을 자동으로 만들곤 한다. 특이한 경험이지만 중요하지 않다. 그냥 두면 알아서 사라진다.

의도치 않게 불쑥 떠오른 생각도 처음에는 평범하게 거슬리는 생각, 엉뚱하거나 웃긴 생각, 혐오스러운 생각으로 시작한다. 하지만 그 생각을 원치 않는 생각으로 분류하고, 그런 생각을 떠올린다는 사실을 걱정하거나 얼른 지워

버리려고 하면 그 생각은 금방 사라지지 않고 머무르게 된다. 보통 어떤 생각에 거부감이 드는 이유는 너무 당황스럽거나 정말 싫은 내용일 가능성이 높기 때문이다.

특정한 생각을 걱정하고, 거부하고, 머릿속에서 밀어내려고 애쓸수록 그 생각은 생각 또는 이미지로 자꾸 반복해서 떠오른다. 그렇게 시간이 갈수록 원치 않는 생각에 점점 더 주의를 사로잡힌다. 언제 왔는지도 모르게 바람처럼 휙 나타나서 끔찍하고, 역겹고, 두려운 감정을 일으키는데, 그럴 때마다 그 생각을 당장 떨쳐내고픈 마음이 간절해진다. 주로 공격적인 생각, 성적인 생각, 금기시되는 일에 관한 생각, 불안감이나 자신을 비하하는 생각이 이런 과정을 겪게 만든다. 그리고 그 생각에 사력을 다해 맞서느라 너무 많은 시간과 정신 에너지를 쏟게 되면서 삶의 질이 점점 나빠진다.

원치 않는 생각은 반복해서 떠오르고 점차 강렬해지는 경향이 있다. 그런 생각이 떠오르는 빈도가 높아지고 내용의 강도가 세질수록 자신의 의도나 도덕성, 자기 통제력을 믿지 못하고 두려워하게 된다. 심지어 자신이 제정신인지 의심하기에 이른다.

실천 방법

마음속에 떠오르는 생각을 그대로 수용하고 내버려두자. 밀어내려고 하지 마라. 생각을 다른 곳으로 돌리거나, 설명하려고 하거나, 그 생각에 몰두하지 말아야 한다. 갑자기 떠오른 생각의 의미나 내용을 따져보지 마라. 왜 그런 생각이 떠올랐는지 원인이 될 만한 문제를 추측하거나 그 원인을 없앨 방법을 찾으려고도 하지 마라. 그건 답이 없는 문제의 답을 찾으려는 것과 같다. 게다가 원치 않는 생각은 해결해야 할 문제도 아니다.

수용하고 내버려두라는 것은 원치 않는 생각이 그냥 거기에 머무르게끔 '적극적으로' 허락하라는 뜻이다. 이런 태도는 그 생각이 중요하지 않다는 사실을 이해하는 데 도움이 된다. 갑자기 떠오른 원치 않는 생각에는 관심을 주거나 반응할 필요가 없다. 그럴 때는 오히려 뇌가 원치 않는 생각을 다루는 방식을 바꾸도록 훈련할 기회로 삼아야 한다.

실천 2

모든 마음은 생각을 만든다

알아야 할 사실

인간의 마음은 걱정하고, 예상하고, 정의하고, 창조하는 능력이 있다. 매 순간 마음이 할 수 있는 일은 무한하다. 한 가지 마음에서 생겨나는 결과도 그만큼 다양하며, 개개인의 기억과 두려움, 습관, 특정한 조건, 그 밖에 셀 수 없이 많은 요소의 영향을 받는다.

순간 만들어지는 것과 창조의 과정 모두 우리의 삶이다. 인간이 생각하는 존재라는 사실은 우리가 특정 순간에 우연히 떠올리는 생각보다 훨씬 보편적이고 타당하다. 또한 인간이 항상 무언가를 느낀다는 사실은 우리가 특정 순간에 우연히 무언가를 느끼는 것보다 훨씬 중요하다.

우리 모두의 마음에서는 특정한 생각이 만들어진다. 걱정, 환상, 예측, 선호, 희망, 꿈, 기억, 두려움 등은 우리가 인간으로서 경험하는 삶을 구성한다. 그러므로 생각은 무시하거나 떨쳐낼 대상이 아니다.

하지만 우리는 특정한 생각에 사로잡히는 경향이 있고, 그로 인해 큰 고통을 겪는다. 무슨 일이 일어날지 몰라서 밤새 잠을 설치며 전전긍긍하거나 원치 않는 생각을 극복하려고 애쓰는 것, 우울한 감정이 수십 년째 지속될 것이라고 여기며 앞으로도 절대 달라질 리 없다고 절망하는 것 모두 생각의 결과물이다. 이런 결과물이 각자의 경험이 되어 '나'라는 존재, '내 삶'을 나타내는 확고부동한 사실처럼 느껴진다.

실천 방법

소리 내어 말해보자. **"그걸 내가 어떻게 알아?"** 꽤 후련하지 않은가?

실제로 우리가 할 수 있는 일이 별로 없다는 사실만 기억해도 엄청난 자유가 찾아온다. 인간의 마음은 스스로 안다고 생각하는 것들에 관해 끊임없이 떠들어댄다. 실제로는 잘 모르는 것까지도 안다고 착각해 모든 일을 안다고 여긴다. 마음만으로는 모르는 게 없는 척척박사가 되는 것이다.

아는 것은 안전, 생존과 직결되므로, 이는 스스로를 보호하려는 조치다. 하지만 마음에서 내린 판단과 결론은 부정확한 경우가 많다. 우리의 마음은 특히 불안감을 느낄 때, 살아남기 위한 여러 가지 규칙을 지어낸다.

실천 3

끈질기게 달라붙는다

알아야 할 사실

가장 원하지 않는 생각일수록 머릿속에 끈질기게 달라붙어 벗어나기 힘들다. 어떻게 보면 당연한 일이다. 폭력적인 생각이 떠올라서 괴로워하는 사람은 다정함을 중시하고, 폭력을 혐오하며, 평소에 폭력 근처에도 가지 않고 남을 배려

하며 사는 사람이다. 남을 해치는 생각이 떠올랐다는 사실에 스스로 상처받는 사람은 원래 사랑이 많은 사람이다. 자신과 전혀 맞지 않는 생각이므로 더 강한 반발심을 가지게 된다. 하지만 그런 생각은 맞설수록 더 끈질기게 남는다.

어린아이를 학대하거나, 고양이를 창밖으로 던져버리거나, 아기를 떨어뜨리는 생각도 의도치 않게 불쑥 떠오르는 흔한 생각들인데, 평소에 인간은 물론이고 힘없는 모든 생명이 반드시 보호받아야 한다고 굳게 믿는 사람은 그런 생각이 떠오르면 지워버리려고 씨름을 벌인다.

생각은 없애려고 할수록 끈질기게 뿌리내린다. 신앙심이 깊은 사람도 때때로 신실하지 못하고 극히 불경스러운 생각을 떠올리는데, 그런 생각과 싸우면 오히려 그 생각이 더 오래 지속된다. 의자, 과일 샐러드, 나무에 관한 생각이 우리 머릿속에 오래 남지 않는 이유는 중립적이기 때문이다. 누구도 신경 쓰지 않고, 없애려고 덤비지도 않는 생각은 금방 떨어져 나간다.

원치 않는 생각에는 자신이 원하는 생각과 '정반대'의 내용이 담겨 있다. 자신의 성격이나 가치관, 소망과는 영 딴판인 것, 자신과 정반대인 것들이 거기에 있다. 그래서 밀어내려고 애쓰지만 그럴수록 불에 기름을 붓는 격이 된다.

실천 1(19쪽)에서 설명했듯이 어떤 생각에 괴로움을 느끼는 것은 순식간에 일어나는 자동 반응이다. 이를 '1차 두려움'이라고 하며, 이 반응은 마음대로 통제할 수 없다. 1차 두려움은 금세 사라지지 않고 두려움을 촉발하는 여러 반응의 도화선이 되기도 한다. 1차 두려움이 '2차 두려움'으로 번지면 다른 원치 않는 생각이 추가로 침투한다. 예를 들어, '이 발코니에서 지금 뛰어내릴까?'라는 원치 않는 생각이 떠올랐을 때 1차 두려움을 느끼면 다음과 같은 원치 않는 생각으로 이어질 수 있다. '정말 뛰어내리면 어떻게 될까?', '내가 안 뛰어내린다고 어떻게 장담해?', '이런 생각을 한다는 건 여태 깨닫지 못했을 뿐이지 내가 자살할 수도 있는 사람이라는 의미인가?', '뭔진 몰라도 내게 심각한 문제가 있는 게 분명해.' 이런 내면의 목소리는 두려움을 강화한다.

실천 방법

가볍게 말해보자. "다 자동으로 일어나는 반응이니까 그냥 내버려두는 것이 최선이야." 명확한 사실을 스스로 한 번 말하는 것만으로도 이리저리 엉킨 생각 속에서 빠져나오는 데 도움이 된다. 생각은 생각일 뿐이다. 쓰레기 같은 생각은 그냥 쓰레기 같은 생각이다. 아무 대처도 할 필요가 없다. 스스로 할 수 있는 일과 할 수 없는 일을 구분해야 한다는 것을 잊지 말자.

어떤 생각이든 떠오르는 대로 내버려두면, 마음을 가라앉히는 기능이 자연스럽게 시작되고 상황을 정리해서 생각의 덫에 붙들리지 않도록 도와준다. 이 단계에서 생각을 없애려는 모든 반응은 1차 두려움을 2차 두려움으로 번지게 만든다. 원치 않는 생각을 없애려다가 오히려 더욱 위험한 생각으로 심화되는 역설적인 결과가 생기는 것이다. 어떻게 그런 생각을 가만히 둘 수 있나 싶겠지만, 생각의 손아귀에서 벗어나려면 그냥 두는 게 최선이다.

작은 원통 양쪽에 양 손가락을 하나씩 끼우는 중국 장난감이 있다. 형태만 보면 안쪽에서 바깥쪽으로 힘을 가해야 손가락이 빠질 것 같지만, 실제로는 안쪽으로 밀어야 손가락이 빠진다. 이처럼 원치 않는 생각과의 줄다리기는 그냥 밧줄을 내려놓고 힘을 겨루지 않는 것이 가장 좋다.

생각의 덫에 빠지지 않으려면 이미 알고 있는 것들을 스스로 상기해야 한다. 갑자기 어떤 생각이 떠오르고, 단숨에 두려움을 느끼고, 그 생각에 '위험' 딱지를 붙이는 모든 과정은 순식간에 일어난다. 그럴 때는 '끼어들지 말고 물러나라'는 마음의 현명한 조언에 더욱 귀를 기울여야 한다.

실천 4

그러나 생각은 생각일 뿐이다

알아야 할 사실

강박장애가 있는 사람과 없는 사람을 구분하는 주된 기준은 생각의 내용이 아니라 그 생각을 대하는 관점이다. 어떤 생각을 '나쁜' 생각이라 여기고, 그런 생각을 떠올리는 것도 '나쁜 일'로 여기면 그때부터 그 생각은 문제가 된다.

어떤 생각을 '나쁘다'고 여기는 이유는 다양하다. 자신이 이상한 짓을 하는 생각이 갑자기 떠올라도 마음이 편안하면 우편함에서 우연히 광고지를 봤을 때처럼 딱히 관심을 기울이지 않는다. 하지만 마음이 불안한 상태에서 그런 생각이 떠오르면 끔찍한 일이나 악몽 같은 일을 예고하는 경고처럼 느낄 수 있다. '내 머릿속에 이런 생각이 들어 있다니, 어서 내보내야 해!'

우리 머릿속에 떠오르는 갖가지 생각을 기차라고 해보자. 강박장애나 그와 관련된 장애에 시달리는 사람들은 기차가 지나갈 때마다 일단 세우고 모든 승객이 표를 소지하고 있는지 확인하려고 한다. 다른 사람들은 기차가 지나가면 지나가나 보다, 할 뿐이다. 자신이 역에 온 이유는 출근하기 위해서지 남들이 표를 제대로 샀는지, 승차권에 적힌 대로 올바른 기차에 잘 탔는지는 상관할 일이 아니기 때문이다.

원치 않는 생각이 떠올라도 그런 생각이 나타났다는 사실을 인지할 뿐, 특별한 의미가 있는지 따져보지 않는다. 생각의 의미를 바꾸기보다 그 생각을 대하는 자신의 태도나 그런 생각이 떠오른 상황에 관한 자신의 해석을 바꾸는 것이 중요하다. '내게 일어난 일'이 아니라 '그냥 일어난 일'이다.

생각은 생각일 뿐 위협이 아니라는 사실은 단어를 보는 방식을 통해서도 깨달을 수 있다. 우리는 어떤 단어를 보면 그 단어와 관련된 것들을 함께 떠올린다. 스티븐 헤이스Steven Hayes는 《마음에서 빠져나와 삶으로 들어가라Get Out of Your Mind and Into Your Life》라는 훌륭한 저서에서 우리가 특정 개념을 접할 때 그 개념과 관련된 것까지 내적으로 함께 경험하며, 생각은 그 '관계의 틀'로 이루어진 네트워크라고 설명했다. 이 이론을 적용해보면, 원치 않는 생각이 떠오를 때 우리는 그 생각과 관련된 것들을 모두 함께 인식하게 된다. 대부분의 사람에게는 아무 문제가 되지 않지만, 어떤 생각에 강박이 생기면 그 생각과 함께 떠오른 생각, 느낌, 감각에 실제보다 더 큰 가치를 부여해 결국 그 모든 것에 강박이 생긴다.

실천 방법

생각이 어떻게 기능하는지 확인할 수 있는 연습을 해보자. 먼저 이 단어를 잘 살펴보자. '거울'.

이제 스스로 질문을 던져본다. "이게 뭘까?" 거울이다. 맞다, 거울이다. 하지만 누군가 이 책을 읽다가 갑자기 책이 거울인 듯 자신을 비춰보며 머리를 손질하거나 화장을 고친다면 이상해 보일 것이다. 그렇게 행동한다고 해서 책에 자기 모습이 비치는 것도 아니다. 위에 예시로 들어 적은 글자는 진짜 거울이 아니라 '거울'이라는 단어다. 그런데 정말 '거울'이라는 단어일 뿐일까?

그렇기도 하고, 아니기도 하다. 우리가 단어라고 부르는 것은 낱자 여러 개가 'ㄱㅓㅇㅜㄹ'과 같이 특정한 순서로 연결된 것이다. 우리는 이 단어를 보면 거울이라고 부르는, 얼굴이 비치는 유리로 된 표면을 떠올린다. 낱자의 순서가 달라지면 그냥 낱자 여러 개가 될 뿐이다. 예를 들어, 'ㄱㅇㅓㅜㄹ'로 순서를 바꾸면 연결해도 아무 의미가 없다. 그렇다면 글자는 무엇일까? 우리가 특정한 의미를 부여하기로 약속한 기호 또는 작은 그림이다. 'ㄱ', 'ㄹ' 등 원래 아무 의미가 없는 기호에 특정한 의미를 부여하고, 그 낱자를 특정한 순서로 배치해서 의미를 더한다. 그런 기호 여러 개가 이어진 것이 '단어'다. 단어는 어떤 생각을 일으킨다. 그리고 생각은 이미지를 떠올리게 한다. 거울의 경우에는 사물이 비치는 표면이 떠오르고, 자신을 비춰볼 때 드는 생각, 감정, 감각도 함께 떠오른다.

어떤 책을 펼치면 갑자기 거울이 바닥에 떨어질 것 같다는 생각이 떠올랐다고 해보자. 그런 생각에 내재된 가치나 중요한 의미가 있다고 여겨 다급히 어떤 행동을 해야 한다고 느낄 수 있다. 마음챙김의 원리는 그런 생각을 글자 보듯이 바라보도록 도와준다. 원하지 않았는데 떠오르는 생각은 무수한 단어처럼 빈 그릇일 뿐이며, 마음이 그것을 어떻게 분류하고 바라보느냐에 따라 특정한 힘이 생긴다. 예를 들어, 뭔가가 심하게 오염됐다는 생각이 갑자기 떠오르는 것과 실제 오염 여부는 다른 일이다. 생각은 그저 생각일 뿐이다.

실천 5

누구나 경험한다

알아야 할 사실

'누구에게나' 갑자기 이상하고, 공격적이고, 정신 나간 생각이 떠오른다. 이런 생각이 그 사람의 근본적인 특성을 나타낸다고 믿는다면, 아마 지구 전체 인구의 90퍼센트는 이상하고, 공격적이고, 정신 나간 사람일 것이다. 실제로 한

조사에서 원하지도 않았는데 이상하고, 공격적이고, 정신 나간 생각이 떠오른 적이 있다고 인정한 사람이 약 90퍼센트였다. 많은 사람이 열광하는 공포 영화나 TV 프로그램을 생각해보자. 너무 무서워서 아예 못 보는 사람들도 있을 만큼 끔찍하고, 기이하고, 공격적이고, 정신 나간 내용의 시나리오는 다 창의력 넘치는 평범한 사람들이 쓴 것이다. 이들은 그저 사람들이 보고 싶어 할 만한 내용을 각본으로 쓴 것일 뿐이다.

이상하고 말도 안 되는 생각이 떠오르는 것이 자기 생각을 통제하지 못해서라거나 정신질환의 징후라는 추측은 사실이 아니다. 불쾌한 생각이 불쑥 떠오르는 사람을 비정상적이며 역겨운 사람이라고 여기는 것도 잘못된 평가다.

공격적이거나 폭력적인 생각이 제멋대로 떠올랐다는 이유로 '스스로 인지하지 못했을 뿐' 자신이 폭력적이고 화가 많은 사람인지도 모른다고 두려워하기도 한다. 자신의 진짜 감정이 그런 생각으로 드러났다고 믿기도 한다. 그래서 스스로를 나쁜 사람이라고 확신할 뿐만 아니라, 그런 생각을 통제하기 위해 노력해야 한다는 부담감까지 떠안는다.

사람의 정신활동은 의식의 범위 밖에서도 일어난다. 특정한 정신활동을 흥미롭게 느낄 수는 있어도, 의도치 않게 번뜩 떠오른 생각이나 이미지에 근본적인 진실이 담겨 있지는 않다. 숨겨진 동기나 감정, 의도 또한 없다. 자신의 '의식적인 생각, 감정, 의도와 다른' 생각이 제멋대로 떠오르는 것을 두고 큰 의미나 특정한 메시지가 담겨 있다고 해석해서는 안 된다.

실천 방법

재촉하지 말고 시간이 해결하게 두어라. 자신이 느끼는 불안과 괴로움에 몰두하지 말고 그냥 호기심 어린 시선으로 바라보자. 이런 시선이 과연 효과가 있을지 의심하면서 자꾸 확인하지도 마라. 떠오른 생각은 그냥 그대로 내버려두자. 생각은 생각일 뿐이다. 급한 건 아무것도 없다. 시간이 흐르도록 잠자코 기다리는 것은 가장 중요한 회복 기술이다. 마음을 자꾸 조급하게 만드는 생각이 있다면, 자신이 그 생각에 불안감을 느낀다는 신호다. 그런 다급함은 위험해서가 아니라 불편해서 느끼는 감정이다. 어떤 생각에 이런 감정이 자동으로 따라온다고 해도, 정말로 위험할 때처럼 당장 어떤 행동을 해야 한다는 신호로 여길 필요는 없다.

진정하고 그냥 두어라. 지금 겪고 있는 건 위험이 아닌 불편함이다. 시간이 흐르면 스스로 마음을 진정시키는 반응이 자연스럽게 시작되고 그 효과도 발휘된다.

2부

생각 분리 연습

실천 6

마음과 생각은 어떻게 다른가

알아야 할 사실

마음이 마을이라고 상상해보자. 어느 산골짜기에 자리한 이 마을에는 사람과 가축이 사는 자그마한 오두막집들과 도로, 여러 줄기로 흐르는 강이 있다. 강줄기는 마을 곳곳을 혈관처럼 연결한다. 대체로 행복한 마을이지만 복잡한

일 때문에 주민들이 신경 쓰고 힘을 합쳐야 할 때도 많다.

마을이 자리한 골짜기는 깎아지른 듯 높은 산으로 둘러싸여 있다. 그리고 한쪽에는 상상을 초월하는 거대한 댐이 있다. 댐 안에는 세상 어디에서도 본 적 없을 만큼 많은 물이 갇혀 있고, 그 물속에 인간이 떠올릴 수 있는 모든 생각이 다 담겨 있다. '오늘 샌타모니카 날씨는 어떨까?', '1년은 3,162만 2,400초' 같은 생각을 비롯해 한 번이라도 떠올린 적이 있는 생각은 전부 이 물속에 있다. 마음에 드는 생각, 신경 쓰지 않는 생각, 싫어하는 생각까지 모두 다 있다.

마을(마음)이 정상적으로 기능하려면 물(생각)이 어느 정도 필요하므로, 이 댐에는 신중하게 위치를 정해서 뚫어 놓은 구멍들이 있고 그곳으로 적당량의 물이 일정하게 흘러나온다. 댐에서 나온 물은 마을 전체를 잇는 강줄기와 수로로 흘러 들어가며 덕분에 마을은 번성한다. 평상시에 물은 댐 안에 갇혀 있다. 즉, 마음과 생각은 댐을 경계로 분리되어 있다. 마음이 항상 모든 생각을 인식하고 감당할 수는 없다. 또한 마음속에서 일어나는 일들은 대부분 드러나지 않는다. 물, 즉 생각은 신발 끈이 풀리면 묶고, 때가 되면 양

치질하는 기본적인 일상이 유지될 정도로만 일정하게 흐르면 충분하다.

만약 댐에 균열이 생기면 평소보다 많은 물이 새어 나온다. '원하는' 생각과 그 외의 생각들을 분리하던 경계가 제 기능을 못하게 되는 것인데, 그렇다고 댐의 기능이 엉망진창이 되지는 않는다. 정말 심각한 문제가 생긴다면 마음은 온종일 '홍수' 상태일 것이다. 균열은 그저 댐이 아무 문제가 없었을 때만큼의 효과를 내지 못하게 만들 뿐이다.

강박은 이처럼 원치 않는 생각이 흘러나온 것으로 정의할 수 있다. 원치 않는 생각은 침투성이 강하고 내용도 달갑지 않아서, 일단 떠오르면 문제로 인식된다. 처음에는 균열이 생긴 부분을 틀어막으려고 애쓴다. 하지만 그런 시도는 아무 효과가 없다. 틀어막은 직후에는 새는 게 줄어들지만 곧 균열이 더 커져서 강박적인 생각의 물줄기는 점점 더 거세진다.

실천 방법

원치 않는 생각의 흐름을 억지로 막으려 하지 말고, 마음챙김의 원리를 적용해서 댐을 잘 살펴보자. 충분히 시간을 들여서 찬찬히 살펴보면 댐이 대부분 기대한 대로 잘 돌아가고 있음을 알 수 있다. 단지 균열이 생긴 부분으로 생각이 새어 나오고 있을 뿐이다. 그 사실을 인지하자.

이제 둘 중 하나를 선택할 수 있다. 하나는 균열이 생긴 부분을 주먹으로 마구 치면서 그만 좀 새라고 짜증을 내는 것이고, 다른 하나는 물이 새고 있는 상황을 그대로 받아들이는 것이다. 마을로 흘러오는 물이 더 많아졌으니, 여유분을 모아서 농사에 써도 좋겠다는 계획이 떠오를 수도 있다. 딱히 활용할 곳이 없다면 이제부터는 습도가 더 높은 기후에 적응하면 된다. 어쨌든 받아들일 수밖에 없다. 생각이 새어 나오면 그냥 내버려두고 다른 생각들과 섞이게 하자. 늘어난 물은 그대로 두고, 거기에 어떤 가치를 부여할지 자신의 관점을 바꿔보자.

원치 않는 생각이 떠오를 때, 그것을 평소보다 좀 많이 새어 나온 물줄기로 여기면 '좋고 나쁨'을 구분해야 할 필요성이 사라진다. 평가할 것도 없고, 조치하거나 반응할 일도 아니다. 이렇게 하다 보면 그런 생각도 그냥 생각일 뿐이라고 여기는 여유가 생긴다.

실천 7

생각 통제보다 생각 관찰이 중요한 이유

알아야 할 사실

생각은 의식적인 통제가 가능하므로 자기 생각은 스스로 통제할 줄 알아야 한다고 착각하는 사람이 많다. 하지만 사실 우리가 하는 많은 생각은 (일부 연구자들에 따르면 '대부분'의 생각) 의식적으로 통제할 수 없다.

이런 사실이 반가울 때도 있다. 통찰력이나 영감이 문제 해결에 도움이 되는 경우가 그렇다. 시인이나 작사가들은 어떻게 그런 작품을 썼느냐는 질문에 그냥 떠올랐다고 대답하곤 한다. 어떤 생각이 불쑥 떠오르는 것은 갑자기 몸이 움찔하거나 딸꾹질이 나는 것과 같다. 명상 수련을 하는 사람들도 같은 이야기를 한다. 생각은 통제할 수 없고, 무슨 생각이 떠오르건 우리는 아무 책임이 없다. 생각은 그냥 떠오른다. 떠오른 생각들은 여기저기를 떠돌거나 껑충대며 뛰어다닌다. 이래라저래라 명령해봤자 먹히지 않는다.

생각을 마음대로 통제할 수 없다는 사실을 확실하게 느낀 적이 있을 것이다. 지겨운 연설을 듣고 있다가 생각이 사방으로 흘러간 경험은 누구에게나 있다. 소음이 심한 공간에서는 생각의 흐름이 끊어진다. 회사에서 다른 사람과 이야기하다가 갑자기 집에서 가족과 다툰 생각이 불쑥 떠오르기도 한다. 자신감을 키우자고 다짐하자마자 자기비판과 걱정이 스멀스멀 끼어든 경험은 또 얼마나 많은가?

의도적으로 떠올릴 수 있는 생각도 있다. 그렇다고 해서 생각을 통제할 수는 없다. 마찬가지로 떠오른 생각을 마음대로 사라지게 만들지도 못한다. 특정 생각에 집중할 수는 있지만, 없앨 수는 없다.

우리 마음속에는 다양한 목소리가 존재하고 이 목소리의 상호작용이 우리의 정신적인 삶을 흥미롭고 다채롭게 만든다. 내면에 보초처럼 버티고 서서 대부분 입 밖으로 내지는 않는 나름의 평가와 의견을 말하는 비판의 목소리, 다른 사람의 의견을 검토하는 목소리, 건강 상태를 점검하는 목소리, 과제 제출까지 남은 시간을 계산해보는 목소리도 있고 귀를 잘 기울이면 지금 기분 상태를 알려주는 목소리도 들린다. 그 외에도 많은 목소리가 존재한다. 이 모든 목소리는 매일 해야 할 일을 처리하고, 선택하고, 일상생활의 의무를 다할 때 마음속에서 자연스럽게 생겨난다.

예를 들어, '걱정하는 목소리'를 살펴보자. 보통 두려움이나 상상을 이야기하는 이 목소리가 가장 많이 쓰는 표현은 "만약에"다. 걱정하는 목소리는 두려움과 의심을 낱낱이 드러내고 끔찍한 결과가 발생할 것이라는 잘못된 결론을 내린다. 걱정하는 목소리가 하는 말은 비이성적이고, 우스꽝스러우며, 엉뚱하고, 심지어 완전히 정신 나간 말로 느껴지기도 한다. 그런데 이 목소리가 가끔 이상한 말을 하거나 다급히 경고음을 울릴 때가 있다. 다른 생각을 방해하고, 성질을 부리고, 겁을 주고, 자꾸 대꾸하면서 불안감을 키운다. 원치 않는 생각이 떠오르거나, 경험해본 적 없는 감각을 느낄 때 가장 먼저 이 목소리가 반응하는 경우가 많다.

'가짜 위로의 목소리'도 있다. 가장 즐겨 쓰는 표현이 "만약에"라는 점은 걱정하는 목소리와 같은데, 이 가짜 위로의 목소리는 걱정하는 목소리가 던지는 의문에 동요하며 불편한 감정에서 벗어나려고 한다. 이 목소리에 '가짜 위로'라는 이름이 붙은 이유는 그런 노력이 아무 소용도 없기 때문이다. 가짜 위로의 목소리에 잠시 위안을 느끼거나 이성적인 위로라고 착각할 때가 많지만, 이 목소리는 걱정하는 목소리를 잠재우지 못한다. 오히려 거의 매번 또 다른 "만약에"와 의심을 유발한다.

가짜 위로의 목소리는 걱정하는 목소리가 하는 말에 굉장히 혼란스러워하고 두려워한다. 그래서 걱정하는 목소리가 하는 모든 말과 언쟁을 벌이고, 통제하고, 피하고, 억누르려고 하며, 그 말이 사실이 아니라고 해명하거나 논리적으로 설명하려고 하면서 걱정하는 목소리의 영향을 낮추려고 한다. 모두 불안감에서 나오는 발버둥이며, 결국 아무 소용도 없다.

또한 가짜 위로의 목소리는 걱정하는 목소리의 말에 화를 내거나, 수치심을 느낄 때가 많고, 그 목소리가 사라져버리기를 바란다. 걱정하는 목소리가 정신 나간 말을 하거나 위험한 생각, 짜증 나는 생각, 삐딱한 생각, 통제가 안 되는 생각, 역겨운 생각을 일으키면 불안해한다. 그래서 원치 않는 생각이 떠오를 때마다 거의 예외 없이 걱정하는 목소리와 가짜 위로의 목소리 간에 싸움이 벌어진다. 이 두 목소리가 앞다퉈 의견을 제시하는 것이 바로 원치 않는 생각의 특징이다.

걱정하는 목소리와 가짜 위로의 목소리는 생각을 통제할 수 있다고 착각한다. 당황스러운 생각일수록 더더욱 통제할 수 있으며 정신건강을 위해서라도 반드시 그렇게 해야 한다고 믿는다. 하지만 사실이 아니다. 우리는 이 두 목소리가 아니라 '현명한 목소리'가 하는 말을 들어야 한다. 예를 들면, 이 목소리들은 이런 대화를 나눈다.

- **걱정하는 목소리**: "내 생각을 통제할 수 있으면 좋겠어. 특히 나쁜 생각이 들 때 말이야. 나 어디가 잘못됐나 봐."

- **가짜 위로의 목소리**: “정신 수양이 필요해. 더 노력해봐!”
- **걱정하는 목소리**: “노력하고 있어. 하지만 잘 안 돼. 아무래도 난 망가졌나 봐.”
- **현명한 마음의 목소리**: “누구나 생각이 사방으로 흐를 수 있어. 그냥 한 번 지켜봐. 흥미롭기도 할걸. 생각을 억지로 멈출 필요는 없어. 생각은 생각일 뿐이야. 그냥 떠오르는 거야.”

생각을 통제할 수 있다고 굳게 믿으면 부정적인 생각을 긍정적인 생각으로 대체하려고 애쓰게 된다. 그런 노력이 생각을 통제하는 데 도움이 된다고 여기지만 전혀 그렇지 않다. 억지로 긍정적인 생각을 떠올려 원치 않는 생각에서 스스로 선택한 생각으로 주의를 돌릴 수는 있다. 하지만 효과는 일시적이며, 그렇게 밀려난 생각은 대부분 더욱 끈질기게 다시 떠올라 오히려 처음보다 더 강력히 주의를 끈다. 특정한 생각을 밀어내려다가 금세 다시 떠오른 적이 얼마나 많은지 생각해보라.

실천 방법

잠시 멈추고 생각을 분류해보자. '지금 내 의식에 끼어든 생각이 하나 있어. 내가 원치 않는 생각이야. 이 생각이 일으킨 감정이 지금 내 주의를 끌고 있어.'

원치 않는 생각이 떠오르면 이런 식으로 관찰을 해보자. 지금 어떤 감정이 느껴지는가? 그런 생각이 어떤 감각을 일으켰나? 마음챙김의 원리를 최대한 이용해서 호기심을 갖되 아무것도 평가하지 말고 관찰해보자. 전혀 예상하지 못한 생각이라도 기꺼이 받아들이는 것이 목표다. 기습 공격을 받은 것처럼 반응하지 않도록 노력하자.

실천 8

머릿속에서 코끼리를 내보낼 수 있을까

알아야 할 사실

사람들이 자기 생각을 대하는 태도에는 한 가지 중요한 특징이 있다. 바로 생각을 '통제할 줄 알아야 한다'고 여긴다는 것이다. 원하는 생각을 하고, 원하지 않는 생각은 하지 않을 수 있어야 한다는 것인데, 정말 그럴까?

그렇게 믿는 사람들은 자기 생각이 뜻대로 안 되면 기분 나빠 하고 짜증을 낸다. 걱정이 떠오르면 그 근거를 반복해서 살피면서, 걱정하는 일은 절대 발생할 리 없다고 확신한다. "아무것도 걱정할 것 없어"라고 다독인 후 다른 일을 하지만, 얼마 지나지 않아 또 같은 걱정을 한다. 걱정은 마치 잊어버리기만을 기다렸다는 듯 또 불쑥 떠오른다. 그러면 왜 그런 바보 같은 생각을 계속하느냐며 자신에게 화를 터뜨린다. 식사를 마치면 그릇을 설거지통에 갖다 놓으라고 해도 절대 말을 안 듣는 십 대 아이에게 잔소리하듯 자신을 꾸짖는다.

사실 우리에게는 생각을 마음대로 통제하는 능력이 없다. 그런데 걱정거리는 '늘' 있다. 인간은 원래 모든 가능성을 떠올리고 걱정하는 존재다. 실질적인 위험이 있어야만 걱정하는 게 아니다.

실천 방법

한 가지 실험을 해보자. 20초간 코끼리를 떠올린 후 시간이다 되면 1분간 코끼리 생각을 멈추고 머릿속에서 몰아낸다. 기다란 코, 시끄러운 울음소리, 뾰족한 상아, 땅콩 먹는 모습, 쥐가 나타나면 부리나케 도망가는 모습도 그만 떠올려라.

어떤가? 아마 계속 코끼리 생각만 했을 것이다. 쿵쿵 소리를 내며 걸어가는 코끼리를 보면 절대 못 본 척할 수 없듯, 대부분 그럴 것이다. 혹시 1분 동안 정말로 코끼리를 떠올리지 않았다고 생각하는가? 그건 어떻게 장담할 수 있을까? 코끼리 생각을 멈추는 유일한 방법은 코끼리 생각이 무엇인지 생각해보고, 코끼리 생각을 하지 않으려고 노력하면서, 자신이 코끼리 생각을 하는지 안 하는지 살펴보는 것이다! 어떻게 해도 머릿속에서 코끼리를 내보낼 수는 없다!

무언가를 생각하지 않으려고 할수록 그 생각을 더 많이 하게 된다. 사고 억제에 관한 심리학 연구에서도 생각을 억제하려고 할수록 그 생각이 다시 떠오르는 데 큰 영향을 미친다는 사실이 밝혀졌다.

감정도 마찬가지다. 우리는 생각이나 감정, 신체 감각을 마음대로 통제할 수 없다. 원치 않는 생각과 감각은 없애려고 노력할수록 더 선명해진다.

사람들은 좋은 의도로 주변 사람에게 "그 일은 잊어버려"라거나 "진정해!"라고 말하지만, 그런 말을 들으면 자기 생각이나 감정을 통제할 수 없다는 사실을 더욱 분명하게 알게 될 뿐이다. 그래서 상대방이 자신이 처한 상황을 '전혀 이해 못한다'는 생각에 화가 나기도 한다. 그러면서도 아무 도움도 안 되는 그 전략을 계속 실천하고, 잘 안되면 반복해서 좌절한다. "진정해"라는 친구의 말이 도움이 안 된다면, 스스로 진정하자고 아무리 말해봐야 소용없는 건 매한가지다!

실천 9

편도체의 허위 경보에 대처하기

알아야 할 사실

원치 않는 생각이 어떻게 작용하는지 이해하려면 뇌에서 나타나는 경계 반응부터 알아야 한다. 스트레스 반응이나 투쟁-도피 반응으로도 불리는 이 반응은 사실 투쟁-도피 또는 경직 반응이라고 부르는 것이 가장 정확하다.

이 경계 반응의 중심은 우리 뇌에 있는 편도체다. 호두알 두 개 정도 크기인 편도체는 활성화되거나(켜짐) 활성이 없거나(꺼짐) 둘 중 한 가지 상태다. 편도체가 켜지면 경계 반응이 나타난다. 이는 비언어적인 경고, 즉 땡그랑대며 위험을 알리는 종소리에 비유할 수 있다. 경계 반응은 일부만 나타나거나 약하게 나타나는 법이 없고 일단 시작되면 일련의 신체 반응이 한꺼번에 일어난다. 아드레날린이 분비되고, 심장 박동이 빨라지고, 호흡에 변화가 생긴다. 위험해 보이는 것들은 전부 과잉 경계하고, 시야가 좁아지고, 지각력에도 다양한 변화가 일어난다. 전부 진짜 위험에 처한 상황에서는 도움이 되는 반응이다. 이런 반응이 시작되면 우리는 두려움이 엄습하는 기분을 느낀다.

편도체는 위험을 경고하도록 설계된 곳이므로 '실낱같이 미세한' 위험 '가능성'이 감지되면 일단 켜진다. 편안한 상태를 유지하는 게 아니라 우리를 보호하는 것이 편도체의 기능이다. 그래서 전혀 위험하지 않은 상황이라도 허위 경보가 될지언정 진짜 위험을 단 한 건도 놓치지 않으려고 경보를 수천 번 울려서 수천 번의 공포감을 유발한다. 이런 기능은 인류가 원시생활을 할 때 생존을 돕도록 설계된 것이다. 위험하지 않을 때 위험하다고 경보가 울리는 것은 '거짓 양성false positive'이라고 하고, 정말 위험이 다가왔는데도 경보가 울리지 않는 것은 '거짓 음성false negative'이라고 한다. 편도체는 거짓 음성의 위험성을 막기 위해 아주 많은 거짓 양성 반응을 일으킨다.

실천 방법

마음이 혼란스러울 때는 싸움판에서 뒤로 빠져나왔다고 상상해보자. 감정은 그냥 그대로 두어라. 생각의 초점을 미래에서 현실로 되돌리자. 그리고 머릿속에 떠오르는 생각 말고 몸에 느껴지는 감각에 집중해보자. (무엇이 보이는가? 무엇이 들리는가? 무슨 냄새가 나는가? 무엇이 만져지는가?) "만약에"가 자꾸 떠오른다면, 질문을 "이건 뭘까?"로 바꾸자. 억지로 애쓰지 말고 그냥 항복하라.

싸움판에서 빠져나오라는 것은 적극적으로 나서거나 다급하게 굴지 말고 가만히 지켜보라는 의미다. 아무것도 평가하지 말자. 어떤 생각이 떠오르건 그대로 내버려두어

라. 그 생각에 '얽히는 것'과 정반대가 되어야 한다.

혼란스러운 감정에서 빠져나와 뒤에서 지켜본다고 상상하면, 자신을 그 상황에서 제외시킬 수 있다. 이는 특정한 생각과 맞서지 않는 방법이기도 하다. 자신을 그 상황에서 분리시키면 불편함 때문에 무작정 특정 생각을 위험하고 견딜 수 없는 생각으로 치부하는 대신 호기심을 갖고 관찰할 수 있다.

실천 10

수용: 생각을 쌓아두지 않는다

알아야 할 사실

'수용acceptance'은 마음챙김의 인식 원리를 활용하여 관점을 바꾸고, 원치 않는 생각이나 감정, 느낌을 거부하지 않는 것이다. 마음챙김에는 한 가지 공통적인 규칙이 있다. 바로 머릿속에 떠오른 생각들을 있는 그대로 온전히 받아들이는 것이다. 어떤 생각이 떠올랐을 때 그 생각을 다른 무언가로 여기고 부정하려는 마음을 전부 내려놓으라는 의미다.

원치 않는 생각을 수용하라니, 말도 안 되는 소리라고 할 수도 있다. 커다란 고통을 주는 생각을 받아들이라는 것은 그 생각이 자신의 일부이며, 의미가 있을지도 모른다는 사실을 받아들이라는 말처럼 느껴진다. 그냥 사라졌으면 좋겠는데, 어째서 수용해야 한단 말인가! 하지만 생각은 생각으로, 감정은 감정으로 받아들여야 그 생각과 감정이 내면에 뿌리내리지 않고 '지나갈' 수 있다.

불안이나 두려움을 포함한 인간의 감정은 거부한다고 해서 없어지지 않는다. 옆으로 밀려날 뿐이다. 불편하다고 느낄 때마다 밀어내면, 그 감정은 가장 최근에 밀어둔 것 위에 차곡차곡 쌓인다. 그렇게 계속 쌓이면 자극받는 일이 생길 때마다 그 순간 겪는 일은 물론이고 산더미처럼 쌓인 고통을 한꺼번에 감당해야 한다.

실천 방법

수용을 자신의 첫 번째 반응으로 선택하면 그동안 쌓인 고통을 줄일 수 있다. 그리고 지금부터는 힘들고 괴로운 일이 생기면 그때그때 대처하자. 이것이 마음챙김을 실천하는 첫 단계다.

수용은 패배가 아니다. 수용한다고 해서 원치 않는 생각에 깔려 있을지 모르는 의미를 받아들이는 것도 아니다. 수용은 생각이 뇌에서 마음으로 전달된 것일 뿐임을 받아들이는 것이다. 원치 않는 생각이 떠오르면, 가장 먼저 수용부터 하자. 원치 않는 생각에 대처하기 위해 다른 기술을 활용하더라도 실천이 끝나면 곧바로 수용으로 돌아와야 한다.

어떤 생각을 온전하게 수용하려면, 그 생각에 '어떤 의미가 있을 가능성'도 기꺼이 받아들여야 한다. 그럴 가능성이 있다고 해서 그 생각에 의미가 '부여'되지는 않는다. 오히려 의미가 있는지 밝힐 필요가 없어지므로 홀가분해진다. 그러므로 원치 않는 생각이 떠오르면 마음챙김 원리대로 아무것도 평가하지 말고 일어나는 일을 관찰해보자. '지금 내가 더럽혀지는 것에 관해 생각하고 있구나'와 '난 더

럽혀졌어, 당장 씻지 않으면 죽고 말 거야!'라고 생각하는 것은 확연히 다르다.

수용은 행동하는 게 아니라 행동하지 않는 것이다. 하지만 '이걸 어떻게 수용해야 하나'를 고민하다가 오히려 큰 좌절감을 느낄 수 있다. 그러므로 수용하는 방법에만 너무 몰두하지 말고, 원치 않는 생각이 떠올랐을 때 자신이 느끼는 거부감을 마음챙김의 시선으로 바라보며 어떤 부분에 반발심이 드는지 찾아보자. 그걸 찾아서 내려놓는 것이 중요하다.

불교에서는 원치 않는 생각을 수용하는 것을 날아가는 새에 비유한다. 새가 날기 위해서는 날개가 반드시 한 쌍이어야 하듯이, 어떤 생각을 수용하려면 마음챙김(상황을 분명하게 보는 지혜)과 자기연민(아무것도 평가하지 않고 자신을 아끼는 마음을 일관되게 유지하는 것)이 필요하다.

수용을 통해 원치 않는 생각을 극복할 때도 마찬가지다. 하나뿐인 날개로 날아보려고 빙빙 돌기만 하는 데 그치지 않고 공중으로 멀리 날아오르려면, 원치 않는 생각도 생각의 하나로 수용하는 동시에 변화 중인 자신을 아무 조건 없이 긍정적으로 바라볼 수 있어야 한다.

실천 11

순응: 긍정적인 생각에 무게를 둔다

알아야 할 사실

우리 내면에서는 자신을 긍정적으로 보는 시각과 부정적으로 보는 시각이 충돌할 때가 많다. 불안감과 자제심, 의심과 침착함, 불확실함과 확실함이 부딪히기도 한다. 이럴 때 '순응적 사고accommodation thinking'로 어느 쪽이 더 타당한지 판단할 수 있다.

순응이란 새로운 사고방식과 행동 방식을 받아들이는 것이다. 예를 들어, 스스로 생각하기에 자신은 형편없는 인간이고 남들도 자신을 나쁘게 본다는 확신이 들어서 불안할 때도 있지만, 다른 사람들에게 자신을 좋게 평가하는 의견도 수시로 듣는다면 이 격차를 어떻게 조정할 수 있을까? 내가 생각하는 나와 남들이 이야기하는 내가 다를 때, 그 간격을 어떻게 좁힐 수 있을까? 부정적인 의견에 무게를 둔다면 자신을 바라보는 관점을 나쁜 쪽으로 확정해 이 불확실한 상황을 끝맺게 된다. 반대로 긍정적인 의견을 받아들인다면 이는 자신을 좋게 보는 의견에 순응하는 것이다.

불안감에서 나온 생각과 실제로 관찰한 결과가 어떻게 다른지 따지다 보면 갈등이 생길 수 있고, 갈등은 불쾌한 긴장감을 발생시킨다. 그 긴장감은 어느 정도로 불쾌할까? 그런 긴장감에도 순응할 수 있을까?

실천 방법

생각의 방향을 바꿔서 자신이 느끼는 두려움과 관련 있는 문제들이 해결되고 불확실함이 줄면 어떤 이점이 생기는지 살펴보는 것도 순응하는 자세를 강화하는 방법이다. 선택에 따르는 장·단기적 이점을 각각 분석하는 고전적인 방식을 활용하면 전체 상황을 볼 수 있다. 먼저 어떤 일에 불안을 느낄 때 나타나는 순환 고리를 알아보자. 불안을 느끼면 두려운 것을 피하게 된다. 이런 회피는 불안감을 더 키우고 두려운 것을 더욱 피하게 만들어 더더욱 불안해지는 악순환을 만든다. 그러므로 불안할 때 이런 상황이 반복되도록 내버려두어서 얻는 단기적 이점과, 불편함을 감수하고 불안감과 두려움을 극복하려고 노력해서 얻는 장기적 이점을 비교해보아야 한다.

불확실한 것을 견딜 수 없다는 생각과 모호함으로 가득한 현실의 충돌을 조정하는 것도 순응이다. 불확실한 현실에 그냥 머무르기로 선택하면, 지금 겪고 있는 문제가 더 잘 보인다. 이 깨달음은 불확실성을 줄여준다. 두려워했던 일이 생각만큼 나쁘지 않다는 사실도 알게 된다. 상황이 바라는 대로 흘러가지 않는다면 행동을 조정하면 된다.

불안감과 두려움에 대처하기로 결심하고, 앞으로 맞닥뜨릴 일들을 진지하게 생각하다 보면 처음에는 불안감이 더 커질 수 있다. 무슨 일이 생길지 불확실한 부분이 많은 것은 사실이다. 그래서 어디서부터 어떻게 시작해야 할지 막막할 것이다. 불안감과 두려움을 해결해보려는 시도가 괜히 어색하고 민망하거나 불확실성에 불안감을 느끼지 않을 자신이 없을 수도 있다.

우리는 스스로 변화를 만들 수 있다. 누구나 자신에게서 변화의 가능성을 느낀 근거가 있을 것이다. 그런 근거를 찾아보면, 불확실성에 따르는 불안감을 해소하는 해답을 얻게 된다. 변화는 어려운 일이고 아무것도 확신할 수 없다. 그래도 우리는 원치 않는 생각이나 감정, 행동을 변화시킬 수 있다. 불확실성을 피해 명료함을 추구한다면, 스스로 만드는 변화야말로 가장 확실한 방법이다.

3부

불편한 생각을 마주하는 법

실천 12

원치 않는 생각 변형하기

알아야 할 사실

이 책을 읽는 이유는 '덜' 불편해지기 위해서인데 자진해서 불편해질 필요가 있을까? 중요한 건 기분이 조금 나아지는 데 그치지 않고 삶이 더 나아지는 것이다. 이 책의 궁극적인 목적은 여러분이 지금 겪고 있는 고통이 끝나도록 돕는 일이다. 그러려면 더 넓게 봐야 한다. 지금의 불편함을 감수해야 나중에 덜 고통받는다는 사실을 받아들여야 한다. 풍파 속에서 고요한 곳으로 가려면, 그 사이를 뚫고 지나가야 한다. 물살을 완전히 피해서 반대편에 닿을 방법은 없다.

연구를 통해 우리 뇌의 신경이 새롭게 연결될 수 있다는 사실이 밝혀졌다. 이는 두려움을 느끼는 신경 경로가 달라질 수 있다는 것을 의미하는데, 그러려면 우선 두려움을 깨워야 한다. 다행히 실제로 해보면 상상만큼 두렵지 않다.

편도체는 경보 장치일 뿐이다. 편도체는 세세하게 관찰하지 못하고 말도 할 줄 모르는 아기와 비슷하다. 그래서 말로는 새로운 정보를 가르칠 수 없다. 어떤 두려움이 불필요하다고 가르치려면 먼저 그 두려움을 활성화해야 한다. 두려움을 느끼는 편도체의 반응 경로를 자진해서 의도적으로 활성화하면 뇌의 신경 연결이 달라진다. 그 결과 두려움은 줄고, 뇌는 다른 것을 받아들일 수 있게 된다.

앞서 원치 않는 생각이 계속 침투하면 우리 몸과 뇌에 어떤 영향을 주는지 많은 것을 배웠다. 두려움과 의도적으로 마주하는 기술인 '노출exposure'은 그러한 지식이 효과를 발휘할 기회를 준다. 노출은 '머리로 아는 것'을 '마음, 뇌, 몸으로 아는 것'으로 바꾸는 방법이며, 뇌의 신경 경로 변화를 유도하는 기회가 된다.

실천 방법

가장 싫은 생각을 떠올리고 뜻밖의 반전을 추가해보자. 떠오를 때마다 놀라거나 역겨운 생각에 스스로를 노출하는 가장 좋은 방법은 그 생각을 살짝 변형시켜 의식의 영역에 들이는 것이다. 생각을 놓지 말고 동반되는 느낌도 그대로 받아들여야 한다.

다음은 불편한 생각을 변형시키는 몇 가지 방법이다. 모든 연습의 가장 든든한 친구는 유머라는 사실을 기억하자.

- '생일 축하합니다'나 '작은 별' 노래의 멜로디에 맞춰 그 생각을 노래처럼 불러본다.
- 종이에 그 생각을 계속 쓰고 또 써본다.

- 그 생각을 소재로 시를 쓴다.
- 그 생각을 노래로 만든다(송이파이Songify라는 무료 어플리케이션을 활용하는 것도 좋은 방법이다).
- 그 생각을 그림으로 그려본다.
- 그 생각을 직접 이야기하면서 녹음한 다음 다시 들어본다.
- 그 생각을 한 편의 정교한 이야기로 만들고 결말을 아주 끔찍하게 마무리한다. 그리고 반복해서 읽어본다.
- 메모지 여러 장에 그 생각을 써서 집안 곳곳에 붙여둔다(거울, 냉장고, 지갑 등).
- 그 생각을 글로 쓰고 다른 언어로 번역해본다.
- 그 생각을 한 문장으로 쓴 다음 거꾸로 읽어본다.
- 그 생각을 글로 써서 갖고 다닌다.

실천 13

두려움은 피할수록 커진다

알아야 할 사실

자신과 뇌를 동일시하지 마라. 뇌는 신체 기관 중 하나고, 뇌의 여러 기능 중 하나는 생각을 만들어내는 것이다. 자기 생각을 파헤쳐보는 연습이 어느 정도 효과를 낸다고 해도, 생각을 우리 마음대로 만들지는 못한다. 생각 더미에서 몇 가지에 '집중'할 수는 있어도 어떤 생각이 떠오를지는 알 수 없으며, 마음속의 레이더가 향하는 생각을 정하지는 못한다. 생각을 평가하거나 억누르려고 애쓰면서 자기 생각을 통제하는 것은 일종의 강박이다. 우리가 정할 수 있는 건 이미 떠오른 생각을 대하는 방식뿐이다. 어떤 생각을 할지는 정할 수 없다.

감정도 마찬가지다. 우리는 모든 일이 뜻대로 흘러갈 때만 행복을 느끼지는 않는다. 두려움도 마찬가지다. 때로는 별로 중요하지 않은 일에도 두려움을 느낀다. 그렇다면 감정을 더 원활하게 조절하거나 감정이 행동을 좌우하지 않도록 만들 수 있을까? 당연히 가능하다. 하지만 감정 조절만으로 모든 문제가 해결된다면 누구나 항상 행복하게 살 수 있을 것이다.

신체 감각, 욕구, 충동처럼 몸에서 발생하는 자잘한 데이터는 무작위로 바뀐다. 이러한 요소가 우리 삶에 주는 영향은 전적으로 우리가 어떻게 반응하느냐에 달려 있다. 왜곡된 분석과 강박행동으로 반응하면 사소한 일도 중요한 일처럼 강조된다. 우리가 유일하게 전적으로 통제할 수 있는 건 우리의 행동이다.

실천 방법

강박장애를 해결하기 위한 행동치료 중 하나인 '노출과 반응 방지exposure and response prevention, ERP'는 원치 않는 생각의 조절에도 활용할 수 있다. ERP는 두려움을 느끼는 것과 의도적으로 대면하면서 강박반응을 참는 연습으로 이루어진다. 실질적이고 물리적인 것(손에 닿으면 당황하게 되는 물체 등), 이론적인 것(두려운 상황에 놓이는 상상 등)과 관련된 원치 않는 생각 모두에 이 방법을 적용할 수 있다.

ERP는 두려움을 느끼는 것에 관한 잘못된 정보를 처리할 수 있는 더 나은 과정을 알려준다. 무언가에 대한 강박반응을 멈추고 싶다면 그것을 굉장히 중요하게 여기는 생각과 감정에 반응하지 말아야 한다. 그러려면 연습이 필요하다. 사물, 생각, 감정, 무엇이든 두려움을 느끼는 것에 '노출'되는 과정을 반드시 거쳐야 하며, 그때 느끼는 두려움을 줄이거나, 억누르거나, 없었던 일처럼 만들기 위해 뇌가 제시하는 그 밖에 '모든 반응을 스스로 거부해야' 한다.

원치 않는 생각이 떠오를 때 나타나는 행동반응을 바꾸려고 하면 처음에는 굉장히 불편할 수 있다. 우리 마음은

'습관화habituation'라는 과정을 통해 새로운 반응을 받아들이는데, 두려움을 느낄 때 강박반응이나 회피행동을 하지 않으면 두려움을 키우는 부정적인 강화가 중단되고, 두려움을 유발하던 원치 않는 생각이 떠올라도 견딜 수 있게 된다.

결과적으로 한때 '자극 요인'이었던 생각에 더 이상 아무 자극도 받지 않게 된다. 두려움을 느끼는 것에 강박반응을 하지 않고 반복해서 노출되면, 뇌는 두려움, 불안, 혐오감을 느껴야 하는 상황이라고 경보음을 울려봐야 소용없다는 것을 학습해서 그런 감정을 일으키지 않게 된다! 강박반응을 하지 않는 연습이 지속되면 뇌의 경보음은 점점 잦아들고, 자극 요인이 생겨도 깜짝 놀라지 않는 새로운 '습관'이 자리를 잡는다. 또한 뇌가 이 과정을 경험하면, 강박반응을 하지 않아도 시간이 흐르면 자연스럽게 괴로움이 사라진다는 것도 학습하게 된다.

두려워하는 일에 스스로를 노출시키는 것은 힘든 일이다. 그러므로 이런 노력을 시작하면 당연히 두려움이 잦아들기를 바라게 되고, 정말로 원하던 결과를 얻으면 엄청난 보람을 느낀다.

방법은 간단하다. 먼저 아주 조금 두려운 것에 스스로

를 노출시켜보고, 잘 이겨냈다면 그보다 조금 더 두려운 것에 같은 시도를 해보며 강도를 점점 높인다. 그러나 이렇게만 하면 두 가지 문제가 생긴다. 첫째, 두려움은 인간의 본성이므로 완전히 사라지지 않고 다시 돌아오는 경우가 많다. 모닥불을 피웠다가 제대로 끄지 않아 불씨가 남아 있으면 불이 다시 타오르는 것과 같다. 그래서 어떤 생각과 두려움이 잠잠해졌다가 다시 피어오르는 일이 반복될 수 있다. 더 중요한 두 번째 문제는 두려움, 불안, 혐오감 등 괴로운 감정을 없애려고 노력할수록 그러한 감정을 완전히 사라져야 하는 것으로 여기고, 조금이라도 낌새가 느껴지면 벗어나려고 애쓰게 된다는 것이다.

이런 문제를 피하려면 괴로운 경험과 자기 자신 사이에 의식적으로 거리를 두어야 한다. 그 경험에서 멀리 도망치지 않는 동시에, 그런 경험이 소중한 것들 사이에 계속 머무르지 못하게 만들어야 한다. ERP의 유용한 점은 습관화를 통해 자극 요인으로 인한 괴로움을 덜 느끼게 된다는 것이다. 또한 괴로움을 느끼더라도 '가만히 있는 것', 즉 강박적인 선택을 하지 않게 된다는 것도 중요한 장점이다.

실천 14

무엇이 진짜 내 생각일까

알아야 할 사실

강박은 다양한 형태로 나타나며 특정한 생각, 이미지, 충동과도 관련이 있다. 강박을 느끼는 생각이나 이미지, 충동의 특징은 그것을 부정적으로 인식해서 불안과 괴로움의 원천이 된다는 것이다. 생각의 고착화를 두려워하는 강박은 과

거에 실제로 겪은 일을 곱씹거나 자신의 기억을 의심하는 강박과 비슷하게 괴로운 생각이 영원히 지속될 것이라는 두려움을 먹고 자란다.

고착될 수 있는 생각은 무궁무진하다. 예를 들어, 어떤 그림을 보다가 문득 숫자 12가 떠올랐다고 하자. 앞으로 그 림을 볼 때마다 12가 떠오를 것 같다고 걱정하면서 그 두 가지를 연관 짓지 않으려고 애쓰면, 그림과 숫자에 관한 생각을 더욱 떨치지 못한다. 명상 중에 당혹스러울 만큼 폭력적이거나 성적인 생각이 떠오르는 것도 또 다른 예가 될 수 있다.

자신이 그런 나쁜 행동을 할지도 모른다는 두려움을 느끼는 것과는 다른 문제로, 명상할 때마다 그 생각이 떠올라서 명상을 망칠 것이라는 염려와 괴로움이 생각을 고착시킨다. 대인관계에서도 이런 강박이 생길 수 있다. 가령 연인의 불편한 과거를 알게 됐을 때, 앞으로 그 일이 계속 떠오를 것 같다는 걱정에 괴로워할 수 있다. 이 세 가지 예시의 공통점은 한 가지 관심 주제가 다른 관심 주제와 영원히 연관될 거라 여기며 이에 거부감을 느낀다는 것이다.

강박이 가져온 고통에서 벗어나려는 행동을 강박행동

이라고 한다(정신적인 행위도 포함된다). 강박행동은 일시적으로 위안이 되지만, 강박을 더 강화해서 강박행동을 지속시킬 가능성이 높다. 생각을 고착시키는 강박으로 흔히 나타나는 강박행동은 다음과 같다.

- 실제로 일어난 어떤 일이 해결되었는지, 그 일에 관한 생각이 원치 않는 생각인지, 어떤 생각이 원치 않았는데 떠오른 것인지, 진짜 기억인지, 그 생각이 고착된 건 아닌지 머릿속으로 계속 검토하고, 확인하고, 곱씹는 행동.
- 어떤 사건, 잘못된 기억일 가능성, 고착화가 두려워서 안심하려고 노력하는 행동(스스로 안심시키기, 합리화, 고백 등).
- 어떤 사건, 잘못된 기억일 가능성, 고착화가 두려워서 원치 않는 생각을 자극할 만한 요소를 회피하는 행동.
- 원치 않는 생각을 없애려고 몸을 씻거나 미신적인 의식을 치르는 행동.
- 반복 행동 또는 아무 생각 없이 할 수 있는 일에 몰두하려는 행동.

실천 방법

생각의 고착화를 두려워하는 강박, 실제로 겪은 일을 곱씹는 강박, 자신의 기억을 의심하는 강박이 생기면 엄청난 괴로움에 시달린다. 이러한 강박은 다른 강박과 마찬가지로 무엇이 진짜인지, 이런 생각을 어디까지 받아들일 수 있는지 스스로에게 의문을 던진다. 그리고 문제가 되는 생각을 이해하려고 애쓸수록 그 생각에서 벗어나지 못한다.

과거의 사건을 이해해야 한다는 강박이 강할수록 그 일이 정말로 일어난 일인지조차 확신할 수 없게 된다. 하지만 과거의 일은 이미 일어났고, 그게 전부다. 부적절한 일을 했다는 기억이 진실이 아님을 확인하려고 할수록 불편한 진실을 거부한다는 기분만 강해진다.

마찬가지로 무관한 두 생각이 영원히 하나로 묶여 고착되는 것이 두려워서 분리하려고 노력할수록 두 생각은 머릿속에서 더 강하게 연결된다. 이런 괴로운 생각을 수용하려면 함께 따라오는 좌절감도 받아들여야 한다. 이 생각이 사실인지 따져보고 분석하게 되는 것은 바로 그 좌절감 때문이다.

인지기능을 활용해서 문제와 맞설 때는 맞서는 대상이 무엇인지 분명히 하는 것이 중요하다. 강박적인 생각의 경우, 그에 맞서 "그렇구나, 그래도 괜찮아", "그런 기억은 없어", "시간이 지나면 다 사라질 거야" 같은 결말이 목표가 아니다. 원치 않는 생각을 위험한 상황처럼 여기는 강박적인 생각의 전제가 바로 맞서야 할 대상이다.

전제를 찾았다면, 힘들고 혼란스러운 일이라고 인정하는 것도 반박이 될 수 있다. 전제가 틀렸다고 해서 당장 분석할 필요는 없다. 고착된 생각의 의미를 확대해석하거나, 두려움을 느끼는 생각이 실제 기억이 아님을 확인해야만 한다는 과도한 책임감을 느끼거나, 과거의 일은 '무조건' 해결되고 마무리되어야 한다는 생각에 몰두하는 것 또한 이러한 강박과 함께할 가능성이 매우 크다.

실제로 겪은 일을 곱씹는 강박의 경우, '일어났을 가능성'을 염려하는 게 아니라 '진짜로 일어난 일'이니까 걱정하는 것이라고 주장한다. 그러나 그 일을 줄기차게 떠올리는 이유는 '일어났을 가능성'에 관한 의문 때문이다. "그 일을 스스로 받아들일 수 없다면?", "내가 깨닫지 못한 어떤 세부 사항이 있고, 그걸로 그 일이 완전히 다른 일이 된다면?", "이 일로 내 정체성이 어떤 식으로든 드러났고, 그걸 내가 절대로 견딜 수 없다면?" 시작은 실제로 일어난 일을 객관적으로 요약하더라도, 그 뒤에 '이것은 이런 의미일 수 있다', '이 일로 이런 결과가 초래될 수 있었다'와 같은 주관적 의견이 무수히 덧붙여지는 것이다.

마찬가지로 자기 기억을 의심하는 강박도 'A에 관한 내 생각이 과연 내 기억일까?'와 같은 형식으로 나타나고, 특정 생각이 영원히 고착되는 것을 두려워하는 강박도 그와 비슷하게 'A에 관한 내 생각이 내 마음속에서 영원히 맨 앞자리를 차지할지도 몰라'와 같은 형식으로 이어진다. 이러한 강박을 해결하려면, 원치 않는 생각이 떠올랐을 때 이런 전형적인 질문 말고 새로운 질문을 던져봐야 한다. "원치 않는 생각 때문에 무슨 일이 일어났는가? 무슨 일이 일어날 수 있었는가? 무슨 일이 일어날 것 같은가?"

실천 15

느낌과 사실을 논리로 구분하기

알아야 할 사실

사람은 감정을 통해 현실을 이해한다. 원치 않는 생각은 떠오를 때마다 '두려움' 버튼을 누르고, 우리는 이것이 사실이 분명하다고 여긴다. 하지만 그렇게 느끼는 것일 뿐이다. 발표를 앞두고 이렇게 긴장되는 걸 보니 다 망칠 게 분명하다거나, 지금 안전하지 않다는 느낌이 드는 걸 보니 누군가 나를 공격할 수 있다고 여기는 것을 예로 들 수 있다. 이처럼 감정을 근거로 한 추론에 반박하려면 '느낀 것'과 그 느낌에 내포된 '의미'를 구분해야 한다. 위험을 느낀다고 해서 반드시 위험한 상황에 놓인 것은 아니다. 수치스러운 감정이 든다고 해서 정말로 자신의 가치가 낮아지는 것도 아니다.

또 어떤 경우에 '그렇게 느껴진다'는 이유로 그것을 틀림없는 사실이라고 여기게 되는가?

실천 방법

안 좋은 일이 일어날 것 같으니 분명 그렇게 될 것이라는 생각이 든다면, 자신이 언제나 느낀 그대로 행동하지는 않는다는 사실을 상기하자. 마음챙김의 원리를 적용해서 느낌은 그저 느낌일 뿐임을 인정하자. 그 느낌에 뭔가 '의미'가 있다는 확신이 끈질기게 따라붙는다면 그 생각의 옳고 그름이 아니라 '논리'를 따져봐야 한다.

예를 들어, 폭력과 관련된 강박이 있는 사람은 자신의 감정을 근거로 '난 사람을 해치게 될 거야. 왜냐하면 지금 나는 화가 나고 제정신이 아니니까'라고 생각할 수 있다. 그럴 때는 이렇게 반박해보자. "지금 화가 나고 무슨 일이 일어날지 나도 모르겠어. 하지만 내가 화가 났을 때 정말로 사람을 해친 적은 없어."

감정을 근거로 한 추론을 사실로 착각한 적이 있는가? 그런 생각에는 어떻게 반박할 수 있을까?

실천 16

마음을 대하는 태도

알아야 할 사실

에릭은 불안한 생각이 들면 본능적으로 이를 차단하려고 한다. 그 방법이 잘 먹히지 않으면, 불안해하지 않아도 되는 이유를 조목조목 들어가며 그 생각에 반박한다. 하지만 대다수가 그렇듯 에릭의 시도가 성공을 거둔 경우는 거의 없다. 우리의 생각은 자연의 힘을 따르며, 마음대로 억누를 수 없는 모든 힘이 그렇듯 저항해봤자 사라지지 않는다. 생각은 무시하거나 억누르기 어렵고, 논리적으로 논쟁이 가능한 대상도 아니다! 위협을 감지했을 때 그것을 생각하지 '않으려고' 할수록 위협을 더욱 확신하게 되고, 머릿속은 불안한 생각들로 더욱 혼란스러워진다. '상황을 인지하고 있고, 잘 대처할 수 있다'는 메시지를 마음에 전달하고 싶다면 마음이 하려는 말을 전부 다 하게 해야 한다.

마음이 하는 말을 전부 따르라는 소리가 아니다. 판단하거나 반응하지 않고 마음이 재잘거리는 생각들을 그냥 알아차리면 된다. 비행기에서 자리에 놓고 가는 짐이 없는지 잘 챙기라는 안내 방송이 나오면 귀를 기울이는 것처럼, 마음이 하는 말들도 그렇게 알아차리면 된다.

괴롭거나 반복적으로 떠오르는 생각도 같은 방식으로 계속 알아차리자. 부정적인 생각, 남들에게 차마 말할 수도 없을 만큼 두렵고 불길한 생각도 그렇게 다 떠오르게 만들어야 한다. 이렇게 하다 보면 그때마다 당장 조치가 필요한 다급한 상황인 것처럼 반응하지 않도록 훈련할 수 있다. 마음이 하는 걱정에 동참하지 않고 관찰자로 머무르면서 마음과 건강한 거리를 두는 것이 핵심이다.

실천 방법

마음의 재잘거림은 대부분 정신을 쏙 빼놓을 만큼 시끄럽다. 불안한 생각이 떠오른다면 그 생각을 가만히 관찰하고 넘어가는 연습을 해보자. 마음의 입을 억지로 틀어막으려고 애쓰지 말고, 아무 반응도 하지 말자. 한 가지 좋은 방법은 그 시끄러운 생각을 '고마운 일'로 여기는 것이다. 마음을 대하는 태도에 예의를 잃지 말자! 마음은 잘못된 방향으로 흘러가기도 하지만 그것도 우리를 안전하게 지키려는 노력이다. 떼쓰는 아기를 논리적으로 진정시킬 수 없듯이 마음도 이성적인 논리로 진정시킬 수 없다. 화재 경보가 울릴 때 모른 척할 수 없듯이 마음이 알리는 경보도 무시할 수 없다. 그러므로 예의를 지켜서 마음의 말을 인정하고 넘어가자.

생각은 생각일 뿐이며 뇌가 무언가에 사로잡혀서 나온 결과물임을 잊지 말자. 생각을 관찰하되 반응하지 않는 횟수가 쌓일수록, 그 생각과의 거리는 점점 멀어지고 인식을 통제하는 능력도 더 많이 되찾을 수 있다. 마음이 떠드는 말을 관찰하고, 인정하고, 그냥 흘러가게 두어라. 모든 연습이 그렇듯 이 연습을 반복할수록 자기 생각을 더 확실하고 능숙하게 조절할 수 있을 것이다.

마음이 떠드는 말에 반박할 말을 떠올리는 자신을 발견했다면 바로 멈추자. 마음은 이성이나 논쟁이 통하지 않는다. 마음은 위협으로 인지한 것이 진짜 위협으로 밝혀지거나, 진짜 위협이 맞는지 확인이 안 되는 것, 이 두 가지 방식으로만 학습한다. 마음이 위협으로 인지한 것에 반박하면 그것이 진짜 위협이라는 확인 도장을 찍어주는 것과 마찬가지다. 지금부터는 그러지 말자. 시끄럽게 재잘대는 마음에 원하는 메시지를 전달하는 가장 확실한 방법은 마음의 말을 관찰하고, 고맙게 여기고, 더 넓게 보는 전략과 마음가짐을 계속 상기하는 것이다.

지금 당장 조치가 필요하다고 경고하는 마음의 외침을 차단하거나 어떤 식으로든 없애려고 하지 말고 그냥 지나가게 두는 것이 목표다. 마음의 재잘거림에 면역이 생기면, 마음이 아무리 시끄럽게 자주 떠들어대도 해야 할 일을 하고 자신이 살아가는 세계를 계속 확장할 수 있다.

4부

강박에서 빠져나오기

실천 17

생각의 중간 지점 찾기

알아야 할 사실

세상 모든 일이 흑백으로 나누어진 것처럼 보일 때가 있다. 영화에는 착한 사람과 나쁜 사람이 나오고, 모든 게 깨끗하거나 더러운 것, 순수하거나 악한 것, 안전하거나 위험한 것으로만 나누어질 때가 많다. 하지만 현실은 그렇지 않다.

현실에는 늘 어느 정도의 중간 지점이 존재한다. '아무나 손댈 수 있는 문손잡이에 손이 닿았으니 이제 난 더러워졌어'라는 생각이 든다면, 자신은 원래 '깨끗했다'는 전제를 스스로 제시하면서 강박을 부추기는 것과 같다. 실제로 손은 아주 깨끗하지도 더럽지도 않은 그 중간쯤이고, 찝찝한 공용 물품을 만졌다고 하더라도 그 손은 만지기 전보다 조금 더 더러워졌을 뿐이다.

실천 방법

생각이 흑과 백으로만 나누어질 때, 어떻게 중간 영역을 찾을 수 있을까? 100퍼센트 좋지도 나쁘지도 않다는 것이 객관적인 진실이라고 어떻게 확신할 수 있을까?

양분되는 생각의 절충안을 찾아보면 회색 영역을 발견할 수 있다. 예를 들어, 저녁 약속이 있는 날에 불안감을 느껴 '오늘도 최악이 되겠구나'라는 생각이 든다면, "마음껏 즐기지는 못할 것 같다"고 바꿔서 말해보자. 상대방에게 기분 상할 만한 말을 해버리고 '난 정말 끔찍한 인간이야'

라는 생각이 든다면 "그런 말은 부적절했어"라고 바꿔서 말해보자. 자신에 관한 평가에 모 아니면 도라는 식의 극단적인 기준을 적용하지 말고 현실의 중간 영역도 정확히 반영되도록 절충해보자. 이런 노력이 곧바로 잘 되지 않더라도 실망하지 마라. 이것도 하나의 기술이고, 모든 기술이 그렇듯 처음에는 삐걱거려도 연습하면 점점 수월해진다.

이 기술을 연습해볼 만한 극단적인 생각이 떠오르는가?

실천 18

늘 최악의 시나리오를 떠올린다면

알아야 할 사실

미래에 자신이 두려워하는 상황이 생겨 이겨내지 못하리라고 짐작하는 것을 '파국화catastrophizing'라고 한다. 이런 생각에는 자신이 미래를 예측할 수 있다고 전제하는 큰 함정이 숨어 있다. 우리는 미래를 예측할 수 없다. 머리가 비상하고 예리한 추측 능력을 가진 사람도 미래를 내다보는 초능력은 없다. 하지만 우리 머릿속에 떠오르는 생각은 앞으로 생길 끔찍한 일뿐만 아니라 자신이 그 상황을 견디지도, 대처하지도 못할 것이라는 예측도 함께 제시한다. 머릿속에서 어떤 끔찍한 일을 예상하고 있는가?

실천 방법

'나는 ○○하게 될 거야' 또는 그와 비슷한 문장 형식으로 미래를 예측하는 생각이 자동으로 떠오를 때는, 먼저 '나는 미래를 예측할 수 없다'는 확실한 사실부터 인정하자. 예측에 사실도 섞여 있다면 '그런 일이 일어날 수도 있지만, 확실하지는 않다'는 것을 상기하자. 또한 '내 예상대로 나쁜 일이 생긴다고 하더라도 대처할 방법이 있다'는 사실도 잊지 말자.

미래에 대한 예측이 무조건 틀렸다는 소리가 아니다. 어쩌면 정말 최악의 상황이 벌어질 가능성도 있다. 이를 떠올리기만 해도 신경이 곤두설 수 있는데, 최악의 상황이 벌어질 가능성을 아무렇지 않게 받아들이는 건 쉬운 일이 아니므로, 그런 반응이 나올 수도 있다. 하지만 객관적으로 따져보면, 예측이 현실이 될지는 누구도 알 수 없다. '반드시 그렇게 될 것'이라는 확신을 근거로 삼고 행동한다면 생각에 과도하게 사로잡히게 된다.

최악의 시나리오가 실현될 것 같은 두려움을 느낄 때 절대 그럴 리 없다고 자신을 설득하기보다 미래를 부정적으로 예측하고 있음을 인지하고, 그 시나리오에 현실이 좀 더 정확하게 반영되도록 노력해보자. 미래는 알 수 없으며 불길한 예측을 뒷받침할 근거가 없다는 사실이 포함되도록 시나리오를 다시 써보자.

실천 19

모든 책임이 자신에게 있다는 착각

알아야 할 사실

어떤 비극적인 사건을 막을 책임이 오로지 자신에게 있다는 생각은 본인의 책임을 과대평가하는 것이다. 이런 경우에는 과장된 생각과 왜곡된 논리에 빠져서 이 끔찍한 일을 막을 사람은 오직 자신밖에 없으며, 책임을 회피한다면 자신은 인간의 탈을 쓴 악마나 다름없다고 여긴다.

이처럼 책임을 과대평가하는 사람은 공용 물품을 사용하고 나면 그 물건을 사용할 다른 사람들을 위해 지나치게 깨끗이 닦으려고 하고(마트에서 쓰는 쇼핑카트 같은 물건들), 길을 가다가 동전이나 작은 쓰레기가 보이면 그것 때문에 자칫 운전자들의 주의가 흐트러져 사고가 날 수 있다고 걱정하면서 다 치우려고 한다. 혹시라도 정말 사고가 나면 쓰레기를 보고도 치우지 않은 자기 탓이라고 믿는다. 이처럼 절대 완벽하게 지킬 수 없을 만큼 엄격한 책임감을 스스로 짊어지는 경우가 있는가?

실천 방법

이미 다른 사람이 회사에 있는 커피 머신을 점검했는데도 자신이 다시 확인해야 한다는 생각이 든다고 가정해보자. 그런 생각은 '직접' 점검하지 않으면 끔찍한 일이 벌어질지도 모른다고 부추기고, 무책임하고 이기적으로 굴지 말고 선한 일을 하는 게 중요하다고 강조한다. 그럴 때는 이렇게 반박해보자. "죄책감을 느끼지 않으려고 강박적으로 다시 점검하는 것은 내가 좋은 사람이 되는 것과 무관해. 어느 정도는 위험을 감수하면서 살아야 하고, 세상 모든 일을 내가 다 책임질 수는 없어."

어떤 일의 책임이 100퍼센트 자신에게 있다는 생각 뒤에 숨어 있는 원칙에 이의를 제기해보자. 그런 생각이 부추기는 행동을 하지 않았을 때 벌어질 결과가 무조건 나쁘다고 장담할 수는 없다.

자신의 책임을 과대평가할 때 또 어떻게 반박할 수 있을까?

실천 20

자꾸만 확인하고 싶은 충동이 들 때

알아야 할 사실

책임감이 지나치게 막중해서 생각과 감정, 감각에 영향을 주면 반복적으로 확인하려는 행동반응이 나타난다. 이러한 행동반응은 심각한 사태가 벌어질 가능성을 확실하게 없애려는 충동에서 나온다. 완벽해지려는 강박이나 위해와 관련된 강박(자신이 남을 해칠 수 있다는 생각), 윤리적 엄격함과 관련된 강박 등 다양한 강박에서 이러한 행동반응이 나타나며, 책임지는 것에 전반적으로 큰 두려움을 느낄 때도 이런 행동반응이 나타날 수 있다. 예를 들어, 다음과 같은 상황에서 반복해서 확인하려는 행동반응이 나타난다.

- 잠글 수 있는 것(문, 금고 등)이 제대로 잠기지 않았을지 모른다는 두려움을 느낄 때.
- 장비나 기기(가스레인지, 수도꼭지 등)가 켜져 있을지 모른다는 두려움을 느낄 때.
- 자동차 핸드 브레이크나 다른 안전장치가 제대로 설정되어 있지 않다는 두려움을 느낄 때.
- 연락(이메일, 문자메시지, 편지 등)을 제대로 하지 않았거나 자신이 잘못된 정보를 보냈을지 모른다는 두려움을 느낄 때.

위와 같은 두려움은 내면의 '경고 메시지'로 작용해서 확인하려는 행동반응을 유발한다. 책임감 때문에 확인해야 한다는 충동을 느끼는 일이 있는가?

실천 방법

운동화를 신고 걷는 중이라고 상상해보자. 가다보니 한쪽 끈이 풀렸고, 어서 허리를 굽혀 끈부터 묶어야 한다는 생각만 든다. 그 생각을 무시하고 그냥 걸을 때의 기분을 떠올려보자.

머릿속에서 '현관문을 제대로 잠갔나?'라는 생각이 경고 메시지처럼 떠오를 때도 그렇게 반응해본다. '그래, 또 현관문을 잘 잠갔는지 걱정하는 생각이로군.' 숨을 내쉰 뒤 다시 들이쉬고, '문을 잘 잠갔는지 확인하고 싶은 충동이 느껴져. 내가 만족할 때까지 여러 번 확인해야 안심될 것 같아.' 지금 당장 그렇게 하고 싶은 마음이 목을 타고 머리까지 올라왔지만, 곧장 반응하지 않는 연습을 해보자. '나중에 문을 잘 잠갔는지 확인할 수도 있고, 안 할 수도 있어. 지금은 그냥 숨을 내쉬고 다시 들이쉬는 것에만 에너지를 집중하자. 확인하고 싶은 충동이 아직 남아 있거나 말거나 내버려두자고.'

실천 21

생각은 마술을 부리지 않는다

알아야 할 사실

어떤 행위나 사건에 관한 생각을 떠올리면 그 생각대로 될 가능성이 크다고 믿거나, 생각만 한 일이 실제로 일어났다고 여기는 것을 마술적 사고 또는 미신적 사고라고 한다. 마술적 사고는 강박장애가 있는 사람들의 사고 구조에서

중요한 부분을 차지하며, 특히 반복적인 확인 충동과 관련이 있다.°

원치 않는 생각이나 걱정을 다시 떠올려보라고 하면 '일부러 떠올리는 것'으로 그 생각이나 걱정이 실현될 수도 있다고 느끼는 사람들이 있다. 그게 정말로 가능할까? 마술을 부릴 줄 안다면 가능하다. 이 책에서 읽은 어떤 내용 때문에 마음이 불안해지고 자신에게도 그런 일이 일어날 가능성이 커진 것 같다는 두려움이 든다면, 그것도 마찬가지다. 책에서 읽은 내용이 정말 실제로 일어날 수 있을까?

그건 마술이다. 마술적 사고는 말도 안 되는 소리도 있을 법한 일로 믿게 만든다. 이런 마술적 사고를 하는 사람들은 착각일 수도 있지만 착각이 아닐 가능성도 있으니 혹시 모를 위험을 감수할 필요는 없다고 판단한다. 그리고 생각이 정말로 마술을 '부릴지도' 모르니 나중에 뼈저리게 후회할 일은 만들지 말자고 스스로를 설득한다.

° Einstein and Menzies, 2004

실천 방법

마술적 사고에는 어떻게 반박할 수 있을까? 대다수는 이렇게 물리친다. "마술을 믿는 건 바보 같은 일이야. 어떻게 생각한 대로 된다고 확신해?" 여러 생각과 행위가 머릿속에서 뒤엉켜서 정말 확고한 사실처럼 느껴질 때도 이렇게 반박해보자. "내가 나쁜 생각을 떠올렸다고 해서 정말 나쁜 일이 일어난다고는 확신할 수 없어", "강박적으로 반응해봐야 절대 속 시원히 확인할 순 없어. 이런 상태에서 벗어나려면 위험을 감수해야 해."

생각대로 될 것이라는 자신의 추측에 근거가 있는지 평가하되, 과도한 분석에 빠지지 않도록 주의해야 한다. 예를 들어, '교통사고 생각이 떠올랐을 때 괜찮을 거라고 말했어야 했어. 내가 그 말을 안 해서 아내가 교통사고를 당할지도 몰라'라는 생각이 든다면, 이렇게 반박해보자. "내가 교통사고를 떠올렸다는 이유로 진짜 사고가 일어난다는 근거는 전혀 없어."

실천 22

오염에 대한 두려움을 줄이는 법

알아야 할 사실

오염을 두려워하는 사람은 주변 사람들로부터 손을 지나치게 자주 씻는다거나 샤워를 너무 오래 한다는 말을 지겹도록 들었을 것이다. 다들 물과 비누 낭비라고 쉽게 비난하고, 마실 물조차 부족한 사람들이 얼마나 많은지, 그런 이

들에게는 '진짜' 걱정거리가 얼마나 많은지 생각해보라고 잔소리한다. 하지만 오염이 두려운 사람에게는 이것이 생존 문제로 느껴지고, 오염되도록 내버려두는 것은 자기 목을 조르는 일과 다름없다. 주변 사람들보다 그런 두려움을 느끼는 당사자가 스스로에게 더 많은 의문을 제기한다. 어차피 모든 것은 이미 오염된 상태고 오염을 피하려고 애써 봐야 만족하지 못한다는 사실도 잘 알고 있다.

일반적으로 오염 관련 강박장애가 있는 사람은 어떤 물건이 용납할 수 없을 만큼 오염되었다고 느낄 때, 이것을 그냥 두면 자신을 포함한 다른 것까지 불결해진다고 여기고, 그런 일을 막을 책임이 자신에게 있다고 믿는다.

오염과 관련된 강박장애에서 흔히 나타나는 특징은 다음과 같다.

- 스스로 정한 고유한 세척 또는 청소 절차가 있다(빈도, 세척의 필요성, 세척 방식에 관한 기준이 있고 여러 기준이 동시에 적용되기도 한다).
- 오염됐다고 생각하는 것을 피하려고 한다. 자신이 오염됐다고 느낄 때는 더럽힐까 봐 깨끗한 것을 피하려고

한다.

- 오염 물질과 접촉하지 않았는지, 자신만의 세척 절차를 잘 지켰는지 머릿속으로 되새기면서 확인한다.
- 다른 사람이 오염 물질과 접촉하지 않았는지 물어보고 확인한다. 또는 자신이 오염 물질에 닿지 않았는지 물어보고 확인받으려고 한다.
- 어떤 물질에 노출된 후 오염 물질로 의심되면 인터넷으로 그 물질에 관해 찾아보고 안심한다.
- 오염 물질에 노출된 기억을 수집하고 그런 기억에 지나치게 몰두한다.

오염이 두려워서 하는 강박적인 행동이 있는가?

실천 방법

자신이 오염 물질을 어떻게 여기는지부터 잘 살펴보자. 오염됐다고 생각하는 무언가에 노출됐다고 상상해보자. 순간적으로 일어난 일이었고, 그것을 만지거나 그냥 근처에 갔을 수도 있다. 정말 접촉했는지는 확실하지 않다. 그 순간에 떠오르는 생각과 기분, 감각이 정보를 제공하기 시작하면 한꺼번에 수많은 신호가 쏟아지는데, 이를 전부 진지하게 받아들이면 혼란스러워진다. 먼저 오염된 것과 닿았다고 생각하는 신체 부위에 정신이 쏠린다. 온 정신을 거기에 집중하면 과도한 관심이 쏠려 신체 반응이 나타나기 시작한다. 만약 그 부위가 손이라면 갑자기 손이 더럽게 느껴진다.

오염된 기분을 그대로 두고 더 큰 그림을 본다면 어떨까? 우선 아무리 여러 번 씻어도 '깨끗해질 수 없다'는 사실을 깨달아야 한다. 스스로 정한 '깨끗함'의 기준은 '깨끗하다'는 특정한 느낌이 들어야 충족되기 때문이다. 세균 오염도를 측정하는 기기가 있어도 소용없다. 스스로 깨끗하다고 '느껴야만' 깨끗해진다. 그러므로 오염이 주는 두려움을 통제하기 위해서는 오염된 기분과 그때의 모든 감각에 주의를 기울이는 연습이 필요하다. 오염 물질에 실제로 노출됐을 때 두려움을 덜 느낄 수 있도록 자진해서 오염된 기분을 느껴보는 것도 방법이다.

특정한 느낌을 강박적으로 없애려고 하면 그런 느낌

은 물리쳐야 할 적이라는 메시지가 뇌에 전달된다. 반대로 그 느낌을 받아들이면 뇌에는 다른 여러 가지 일처럼 그것도 하나의 경험일 뿐이니 큰 관심을 쏟지 않아도 된다는 메시지가 뇌에 전달된다. 둘 중 어느 쪽이 오염에 대한 두려움을 줄이는 데 도움이 될지 생각해보자.

실천 23

완벽해야 한다는 강박, 어긋남이라는 치료약

알아야 할 사실

강박장애가 있는 사람은 방송에서 결벽증이 있거나 정리에 집착하는 사람으로 놀림감이 되는 경우가 많다. 스스로 안심하기 위해 노력하는 모습을 다른 이들은 별다른 악의 없이 재밌게 여길 수도 있다. 하지만 실제로 그런 상황에 놓인 사람은 완벽한 상태가 지켜지지 않으면 모든 것이 잘못됐다고 느낀다는 사실을 기억해야 한다.

완벽해야 한다는 강박은 정해진 기준에 정확히 들어맞지 않거나 대칭이 맞지 않는 것, 올바르게 정돈되어 있지 않은 것, 어떤 식으로든 거슬리는 부분이 있어서 완벽하지 않은 것에서 느끼는 강박적인 두려움을 말한다. 모든 강박행동은 '이만하면 됐다'는 기분을 느끼려는 노력이지만, 완벽해야 한다는 강박의 경우 다른 강박보다 이 점이 가장 큰 문제가 된다. 그러므로 완벽해야 한다는 강박의 특징과 촉발 요인을 알아두면 도움이 된다. 이 강박은 보통 다음과 같은 요인으로 촉발된다.

- 어떤 물체나 특정 행동이 다른 물체나 행동과 대칭이 맞지 않다는 인식.
- 일상적인 일을 잘 마쳤는지 불안할 때.
- 어떤 물건이 특정 장소에 있지 않아서 걱정될 때.

스스로 생각하는 기준에서 벗어났다고 느끼면 반드시 바로잡아야 하는 것이 있는가?

앞서 언급한 촉발 요인의 영향으로 나타나는 강박행동은 다음과 같다.

- 물건이 제 위치에 있지 않을 때 '올바른' 위치로 정리한다(예를 들어, 기울어진 액자를 바르게 고쳐 달거나 책상 위 물건을 완벽히 줄 세워서 정리한다).
- 한쪽에서 어떤 행동을 마치면 반대쪽에서 똑같이 반복한다(예를 들어, 방금 왼쪽 다리를 툭 쳤다면 곧바로 오른쪽 다리도 툭 친다).
- '이만하면 됐다'는 느낌이 들 때까지 어떤 행동을 반복한다(예를 들어, 현관문을 나설 때 여러 번 들락거리거나, 서랍을 여러 번 다시 열고 닫는다).
- 물건이 '올바른' 위치에 있는지 확인한다(예를 들어, 침대에 베개 두 개가 완벽한 위치에 반듯하게 잘 놓여 있는지 점검한다).

뭔가 '어긋났다'고 느낄 때 '이만하면 됐다'고 느끼기 위해서 하는 강박적인 행동이 있는가?

실천 방법

완벽해야 한다는 강박에 공감하지 못하는 사람들은 “그냥 넘어가”, “내버려 둬”, “이상한 행동 좀 그만해”와 같은 말을 하지만, 이런 충고는 구레나룻을 한쪽만 기른 채로 평생을 살라는 것과 같다. 매일 거울을 볼 때마다 한쪽만 길게 자란 구레나룻이 눈에 확 띄고 손봐야겠다는 생각이 계속 드는데도 보기 좋으니 그냥 두라는 말과 다르지 않다.

완벽하지 않다는 두려움은 주로 올바르지 않다는 느낌이나 그런 감정 상태에서 비롯된다. 이를 ‘완벽하지 않다고 느끼는 경험’이라고도 한다. 그럴 때는 마음챙김의 원리로 현재에 집중해서 그런 기분과 불안감에 관한 생각, 그냥 넘어가지 못한다는 수치심, 기본적으로 깔린 불안, 혐오감으로 발생하는 신체 증상 등 그 감정에 담겨 있는 모든 것을 평가하지 말고 하나하나 구분해보자.

이 경험을 알아차린 다음에는 살면서 겪는 다른 일들처럼 이 경험 또한 그냥 존재하도록 두어야 한다. 덫이 될 수 있는 이런 생각을 그대로 수용할 때 가장 힘든 부분은, 무언가를 살짝 만지거나 어떤 물건의 위치가 아주 조금 바꿔는 아무것도 아닌 일에 자신이 강박을 느낀다는 사실을 있는 그대로 마주하는 것이다.

완벽해야 한다는 강박은 손을 뻗는 정도의 간단한 노력만 하면 되는 일을 절대로 닿을 수 없는 일로 여기는 것과 같다. 막대기 끝에 짧은 줄이 걸려 있고 그 줄 끝에는 팔만 뻗으면 잡을 수 있는 당근이 매달려 있지만 먹고 싶어도 눈으로 보고만 있어야 할 때의 심정과도 같다.

뭔가 '어긋났다'는 느낌을 그대로 받아들여라. 그리고 몸 어디에 그런 느낌이 머무르고 있는지 찾아보자. 가슴? 어깨 쪽? 어디든 그런 느낌이 드는 쪽에 공기를 보낸다는 기분으로 숨을 들이쉬고, '어긋났다'는 느낌이 마치 그 자리에 오랫동안 있었던 것처럼 그대로 둔다. 강박행동으로 그 불편한 느낌을 없애려고 하지 말고 더 큰 목적이 있다고 여기면서 그냥 둔다. '어긋난' 느낌이 끈질기게 사라지지 않으면 사라지지 않는 대로, 다른 일에 집중하느라 자연스럽게 흐릿해지면 흐릿해지는 대로 내버려두자.

실천 24

선택적 추상화: 시야를 넓히자

알아야 할 사실

시야가 좁아지면 두려움과 관련된 것에만 과도한 관심을 기울이게 되는데, 이렇게 모든 경험을 자신의 강박과 엮는 것을 '선택적 추상화selective abstraction'라고 한다. 강박과 관련된 것만 유독 도드라져 보이는 것이다. 연인과 헤어지고 나면 어쩐지 라디오에 사랑 노래가 너무 많이 나온다고 느끼는 게 대표적인 예다. 사랑 노래는 예전부터 자주 나왔는데, 현재 자신이 처한 상황을 기준으로 선택적으로 추상화해서 자기 생각과 연결하는 것이다.

실천 방법

강박과 관련된 부정적이고 세세한 면에 생각이 쏠려서 큰 그림을 놓치고 있다는 사실을 깨달았다면, 이를 시야를 넓힐 기회로 삼아보자. 넓게 보지 못하고 강박을 느끼는 것만 선택적으로 인식할 때, 마음속에서 어떤 생각이 떠오르는가?

자신이 무엇이든 강박을 느끼는 생각과 자꾸 연관 짓는 경향이 있다는 사실을 깨닫거나, 자신에게 그런 생각 패턴이 있음을 깨닫는 것은 마음챙김의 원리를 적용하기에 딱 맞는 과제다. 그런 연관성은 생각이 만들어내는 것일 뿐, 마음속의 무언가와 정말로 관련이 있는 게 아니다. 그럴 때는 이렇게 반응해보자. "내 강박적인 생각 때문에 이런 생각이 들 때가 있어. 하지만 내 강박과 관련이 있다고 해서 무조건 관심을 더 쏟아야만 하는 건 아니야."

강박과 관련된 무언가로 생각이 쏠릴 때 어떻게 반박할 수 있을까?

실천 25

'반드시 해야만 하는 것'은 없다

알아야 할 사실

완벽한 상태는 끔찍한 일이 금방이라도 일어날 수 있는 상태가 영원히 지속되는 것과 같다. 완벽한 상태가 조금이라도 달라지면 그 완벽함은 파괴된다. 따라서 완벽함은 환상일 뿐이며, 존재할 수 없는 것이므로 원하는 대상이 될 수가 없다. 하지만 우리가 떠올리는 생각에는 "○○ 해야만 한다", "반드시", "절대" 등 완벽함을 의미하는 표현이 사용되고, 우리는 그대로 할 수 없다는 사실에 무력감을 느낀다.

예를 들어, 아침 식사로 도넛을 먹고 싶을 때 건강에 '항상 신경 써야만 한다'는 생각을 떠올릴 수 있다. 성적이거나 폭력적인 것에 강박이 있는 사람은 그런 생각을 떠올리면 자책하고 '그 생각은 절대 하면 안 된다'고 여긴다. 다른 사람과 나눈 대화를 '전부' 세세한 부분까지 기억해야만 하고, 자신이 읽은 '모든' 책에 나오는 단어를 '전부' 이해해야만 한다고 믿는 사람도 있다. 그런 시도를 한다면 금세 녹초가 되고 말 것이다.

이런 생각의 진짜 문제는 자기 생각을 지나치게 통제함으로써 생각을 있는 그대로 받아들이지 못하고, 따라서 마음챙김을 할 수 없는 상태가 되는 것이다. 답을 한 가지로 정해놓고 실제 상황이 거기에 맞지 않으면 있는 그대로 받아들이지 못한다. 아무 평가 없이 현재 상태를 받아들일 여유가 사라지는 것이다.

두려움 때문에 스스로에게 적용하는 엄격한 규칙이 있는가?

실천 방법

이런 생각은 '절대로' 해서는 안 된다거나 이렇게 '해야 한다'는 강박을 느낄 때, 그런 발언 밑에 깔린 엄격한 기준에 반박해보자. 우선 현재 자신의 상태에 아무 평가 없이 집중한다. 그리고 강박행동의 충동이 들지만 '꼭 이래야 한다'거나 '반드시 해야만 하는 것'은 없으며, 스스로 유연하게 선택할 수 있다는 사실을 깨닫는 것도 한 가지 방법이다.

예를 들어, 물건의 양쪽 대칭을 맞추고 싶은 강박충동 때문에 '저 책들은 똑바로 줄을 세워야만 해'와 같은 생각이 떠오른다면 이렇게 반박해보자. "지금 저 책들을 줄 맞춰서 정리하고 싶은 충동이 들어. 하지만 내 생각과 반대로 그냥 둬볼래."

"해야만 한다"는 표현 대신 "그게 내게 도움이 될까?"로 바꾸고 '해야만 하는' 일인지 다시 생각해보자. 출근길에 가스레인지를 켜놓고 온 것 같을 때, 차를 돌려 다시 집으로 간다면 일시적인 불안감을 줄이는 것 외에 도움 되는 게 있을까? 야근까지 하면서 완성한 프로젝트를 완벽해질 때까지 다듬느라 분주한 와중에 갑자기 원치 않는 생각이 떠올랐다면, 그 생각을 강박적으로 잠시 가라앉히는 것이 과연 도움이 될까? 완벽함을 추구하려는 생각에 또 어떻게 반박할 수 있을까?

실천 26

생각을 곱씹는 일이 위험한 이유

알아야 할 사실

지난 일을 떠올리며 자신이 뭘 할 수 있었고, 어떤 실수를 저질렀는지 생각하는 시간을 보낼 때가 있다. 그러다 보면 점점 비참한 기분이 들고 자신이나 다른 사람, 세상은 왜 이 모양이고 변하지 않는지 생각하게 된다. 이런 자기 위주의 독백에 빠지면 자신이 무엇에 신경을 쓰고 있는지 더 자세히 알 수도 있지만, 과거를 곱씹는 습관에서 벗어나지 못하는 악순환에 빠지게 된다. 곱씹는 생각은 불안장애와 우울증에서 나타나는 공통적인 핵심 문제다.[○]

어떻게 해야 생각을 곱씹을 때 일어나는 이 악순환에서 벗어날 수 있을까?

실천 방법

자기 관찰 기술은 지난 일을 곱씹는 악순환을 끊는 한 가지 방법이다. 다음 순서대로 해보자.

1. **한 걸음 뒤로 물러나서 생각을 관찰한다.**
   자꾸 곱씹게 되는 생각을 아무 평가 없이 관찰하고 (무슨 일이 일어나고 있나), 그 생각의 질적 특성(곱씹는 생각과 그렇지 않은 생각의 차이점)과 양적 특성(얼마나 자주,

○ Olatunji, Naragon-Gainey and Wolitzky-Taylor, 2013

얼마나 강렬하게 이 생각을 떠올리는지, 한 번 떠올리면 얼마나 지속되는지)을 찾아본다. 이런 검토는 곱씹는 생각과 걱정을 가라앉히는 데 도움이 된다.

2. **잔에 물이 채워지지 않은 부분보다는 절반 정도 채워진 물에 주목한다.**
곱씹는 생각은 그때 할 수 있었던 일이나 말, 생각으로 채워진다. 실제로 자신이 한 일 중에 만족감을 느꼈던 기억도 함께 떠올려서 균형을 맞춰본다.

3. **지금 무엇이 문제인지 따져본다.**
생산적인 질문을 던지고 근거가 있는 확실한 답을 찾으면 도움이 된다. 현재 상황에서 무엇이 사실인가? 나는 무엇을 선택할 수 있나? 최상의 선택지를 찾았다면 어떻게 실행할 것인가? 생산적인 질문을 떠올리고 답을 찾다 보면 가장 가망이 큰 방법을 선택해서 추진할 확률이 높아진다.

4. **현재에 집중한다.**
후회되는 기억과 예상되는 두려움 사이를 오가면 현재와

멀어지게 된다. 죄책감은 지나간 일에 생기는 감정이므로, 현재에 머무르면 죄책감이 생기지 않는다. 불안감은 앞으로 일어날 일에 느끼는 감정이므로 현재에 머무르면 두려울 일도 없다. 과거와 미래의 일 외에 다른 건 도저히 생각할 수 없다면 손등을 가만히 들여다보자. 지금 눈앞에 보이는 것이 현재다. 덜 두렵지 않은가?

5부

불안한 생각이 사라지지 않을 때

실천 27

불안감을 키우는 생각의 특징

알아야 할 사실

다양한 상황에서 어떤 생각이 편도체를 자극하는지 알면, 생각을 재구성하고 마음챙김 원리를 활용해 불안감을 가라앉힐 수 있다. 생각이 바뀌면 뇌에 새로운 반응 패턴이 생겨서 불안감을 견디고 스스로를 보호할 수 있게 된다.

뇌의 가장 바깥층인 피질은 감지, 사고, 추론, 계획 수립, 기억 등 뇌의 고차원적인 기능과 관련이 있다. 불안감을 일으키는 생각은 자동으로 떠오르는 경향이 있어서 피질이 불안감을 유발하는 다양한 방식을 미처 인지하지 못할 수 있다. 5부에서는 피질이 유발하는 불안감을 알아차리는 여러 가지 방법을 제시하는데, 피질에서 생겨나는 경향성은 편도체를 자극해 실제로 우리가 느끼는 불안감의 주된 원인이 될 수 있으므로, 여기에서는 전부 '불안감을 키우는 생각'으로 통칭한다.

피질이 생각에 어떤 영향을 주는지 확인할 수 있는 가장 간단한 방법은 자기 자신과 세상, 미래를 보는 전반적인 관점을 살펴보는 것이다. 피질의 기능은 경험을 해석하고, 일어날 가능성이 높은 미래의 일을 예측하는 것이다. 그러므로 어떤 관점을 갖고 있느냐에 따라 해석과 예측이 크게 달라진다.

낙관적으로 최상의 결과를 기대하는 사람들도 있고, 비관적으로 최악의 결과를 예상하는 사람들도 있다. 전체적으로는 낙관적인 사람들이 더 많고, 이들은 불안감도 덜 느낀다. 비관적인 사람들은 불안감을 느낄 확률이 높고, 노력해봐야 성공할 리 없다고 생각하므로 그런 태도를 바꾸려는 의지도 별로 없다.

실천 방법

불안감을 키우는 생각을 몇 가지 살펴보자. 이 예시를 토대로 자신의 전반적인 관점이 부정적이고 비관적인 편인지 확인해볼 수 있다. 그러나 전문적인 평가를 목적으로 작성된 예시가 아니므로 자신의 사고 과정에 어떤 특성이 있는지 확인할 때 참고하길 바란다. 각 사례를 주의 깊게 읽고 실제로 그 상황에서 불안감을 느낀 적이 있는지 솔직하게 답해보자.

해당되는 항목에 표시해보자.

- 발표나 시험이 다가오면 잘 해내지 못할 것 같아서 걱정되고 겁이 난다.
- 문제가 생길 가능성이 있는 일은 반드시 문제가 생길 것이라고 예상한다.

- 불안감이 절대 사라지지 않을 것 같다는 확신이 든다.
- 누군가에게 뜻밖의 일이 생겼다는 소식을 접하면 대부분 나쁜 일일 것이라고 예상한다.
- 안 좋은 일이 생길 것을 예상하고 미리 대비책을 마련해 둘 때가 많지만, 그런 일이 실제로 일어난 적은 거의 없다.
- 모든 일은 불운하게 끝나거나 아무런 운도 따르지 않거나 둘 중 하나라고 생각한다.
- 삶을 개선하고 싶어 하는 사람들을 보면 부질없는 노력이라는 생각이 든다.
- 사람들은 대부분 실망을 주므로 큰 기대는 하지 않는 게 최선이라고 생각한다.

해당되는 항목이 많다면 비관적인 편이라고 할 수 있다.

이어지는 내용에 사고방식을 바꾸고 불안감을 줄이는 방법이 제시되니 계속 읽어보길 바란다.

실천 28

감정에 긍정적인 영향을 주는 생각 연습하기

알아야 할 사실

대뇌 피질에서 비롯되는 생각은 의도적으로 바꿀 수 있고 관심의 초점을 다른 생각으로 옮길 수 있다. 이를 '인지적 재구성cognitive restructuring'이라고 한다. 인지적 재구성은 피질을 변화시킬 수 있는 기술이다. 불안감을 키우는 생각에 이의를 제기해 근거가 있는지 따져보고, 근거가 없으면 무시하거나 더 적절하고 새로운 생각으로 대체하는 것이 이 기술의 핵심이다. 대체되는 새로운 생각은 대응 생각이라고도 불린다.

평소에 불안감을 수시로 유발하는 특정한 생각이 있는지 유념해서 잘 살펴보라. 뇌의 신경회로는 '많이 활성화될수록 살아남는다'는 원칙에 따라 강화된다.° 많이 하는 생각일수록 그 생각이 더욱 강해진다는 의미다. 그러므로 불안감을 일으키는 생각과 이미지를 다른 새로운 생각과 이미지로 바꾸는 일을 반복하면 뇌 회로에도 변화가 생긴다.

실천 방법

감정에 긍정적인 영향을 주는 생각이나 말은 대응 생각으로 활용할 수 있다. 자신에게 유익한 생각인지 평가하는 한

° Schwartz and Begley, 2003, 17

가지 방법은, 그 생각이 마음에 어떤 영향을 주는지 살펴보는 것이다. 떠올렸을 때 마음이 차분해지고 힘든 상황을 이겨내는 데 도움이 된다면 훌륭한 대응 생각이다.

다음은 불안감을 키우는 생각과 그것을 대체할 수 있는 대응 생각의 예시다.

- **불안감을 키우는 생각**: '노력해봤자 소용없어. 절대 나한테 유리한 대로 될 리가 없지.'
- **대응 생각**: '한번 해보자. 뭐라도 얻게 될 가능성이 조금이나마 있으니까.'

- **불안감을 키우는 생각**: '문제가 생길 거야. 뭔진 모르겠지만 느낌이 와.'
- **대응 생각**: '예전에도 그렇게 느꼈지만 아무 일도 없었어.'

- **불안감을 키우는 생각**: '이 생각, 의심, 걱정에 집중해야 해.'
- **대응 생각**: '이봐 피질, 지금 여기에 시간을 너무 쏟고 있어. 이제 넘어가야 해.'

- **불안감을 키우는 생각**: '모든 일에 능숙하고 뛰어나야만 해.'
- **대응 생각**: '완벽한 사람은 없어. 난 인간이야. 가끔 실수할 수도 있어.'

불안감을 키우는 생각을 알아차리고 대응 생각으로 대체하려면, 우선 자신에게 문제가 되는 생각이 무엇인지 잘 살펴야 한다. 쉬운 일은 아니지만 노력할 만한 가치가 있다. 대응 생각을 잊지 않고 상기할 수 있도록 종이에 써서 여기저기 붙여두는 것도 좋은 방법이다.

기회가 될 때마다 대응 생각을 떠올리다 보면 나중에는 피질이 그 대응 생각부터 떠올리게 된다. 뇌 회로를 스스로 바꾸게 되는 것이다! 자신에게 가장 큰 문제가 되는 생각에 집중해야 생각의 방향을 바꿀 수 있다.

예를 들어, 완벽주의 경향이 있다면 '반드시 해야만 한다'거나 '○○여야 한다'는 생각에 주목하자. 뭔가를 '반드시' 성취해야 한다거나 특정한 계획, 일정대로 '이루어져야만 한다'는 혼잣말이 들리면 스스로 스트레스와 걱정을 자초하는 것이다. "반드시", "○○해야만 한다" 같은 표현에는 그렇지 않으면 완벽하다고 할 수 없고, 일이 계획대로 되지 않은 것이라는 의미가 깔려 있다. "해야만 한다"는 표현은 "하면 좋겠다"로 바꿔보자. 그러면 반드시 따라야 하는 규칙이 아니라 원하는 목표와 바라는 것을 표현하는 문장이 되며, 그렇게 될 수도 있고 아닐 수도 있다는 의미를 포함한다. 그만큼 자신을 더 친절하고 다정하게 대할 수 있다.

실천 29

확장 전략 세우기

알아야 할 사실

우리는 불안감을 느끼면 두려운 상황을 피하고 강박적으로 무언가를 확인하거나 손을 씻는 등 자신의 안전을 지키기 위한 행동을 한다. 이런 안전 전략은 일시적인 안도감을 주지만 그만큼 생활에 제약이 생기고 불안에 휘둘리게 된다.

불안할 때 자신의 안전을 지키는 방식인 안전 전략을 확장 전략으로 대체하면, 불안감에서 시작되는 악순환을 끊고 새로운 일이 일어날 기회를 만들 수 있다. 그러므로 확장 전략은 불안감을 줄인다기보다는 뛰어넘는 전략이다.

확장 전략은 불안감의 악순환을 끊기 위한 전체 계획의 핵심이다. 확장 전략을 통해 자신의 인식과 맞서서 새로운 것을 경험하고, 새로운 마음가짐을 공고히 다질 수 있다. 확장 전략의 선순환을 일으키거나 확장 전략을 강화하면, 불안감을 뛰어넘는 방법도 보너스로 배우게 되므로 자연히 불안감이 줄어든다.

확장 전략을 실행하는 방법은 간단하다. 안전 전략을 거꾸로 뒤집으면 된다. 예를 들어, 수줍음을 많이 타는 사람이 친목 모임에서 주로 활용하는 안전 전략은 한자리에 가만히 머물면서 누가 먼저 다가와 말을 걸 때까지 기다리는 것이다. 자신에게 관심이 있는 사람이 먼저 말을 걸 테니, 대화가 거절당할 일도 없다고 생각한다. 하지만 매번 다른 사람이 주도권을 쥐고 자신은 거절당하지 않는 위치에만 머무르면 원치 않는 생각의 악순환을 끊을 수 없다.

실천 방법

이 악순환을 깨려면 새로운 확장 전략이 필요하다. 앞의 모임을 예로 들면, 자신이 먼저 누군가에게 다가가서 인사를 건네는 것이 확장 전략이다. 인사부터 건넨 다음 상대방에 관해 이것저것 물어보거나 자신에 관해 이야기하면 된다. 파티에서 무조건 똑똑한 사람, 재밌는 사람이 되어야 할 필요는 없다! 그건 화살을 쏘자마자 과녁의 한가운데를 맞히겠다는 소리다.

한자리에 머물지 말고 다른 곳을 가는 것도 '목표'가 될 수 있다. 이때 '자신 있게 보여야만 해. 불안감을 내비치지 마'와 같은 완벽해야 한다는 마음이 끼어들지 않도록 주의하자. 이런 해묵은 사고방식이 끼어들면 발전할 수 없다. 확장 전략에는 확장된 사고방식이 필요하다. '내가 지루하게 느껴질 수도 있고, 멍청한 소리를 할 수도 있어. 꼭 과녁의 정중앙을 맞힐 필요는 없어. 내 목표 범위 안에 있기만 하면 돼.'

그렇게 될 수 있을까? 당장은 불가능하다. 늘 완벽해야 한다는 생각으로 살아왔다면 더욱 그렇다. 확신이 들지 않아도 스스로 판단하기에 더 '나아 보이는' 쪽을 선택할 수 있다. 확장 전략을 반복해서 실행하다 보면, 노력하며 연마해온 전략에 점점 더 확신이 생긴다.

사고 범위를 넓히고 확장 전략을 실행하면 선순환이 일어난다. 화살을 쏠 때마다 과녁의 정중앙을 맞혀야 한다는 생각에서 벗어나면 과녁판 전체가 눈에 들어온다. 한계는 사라지고 더 큰 세상이 열린다!

더 넓은 세상과 마주한다는 생각에 불안감이 한층 커질 수도 있다. 지금 그렇게 느껴진다면 아주 좋은 일이다! 이미 변화가 시작됐다는 신호이기 때문이다. 안전 전략 대신 확장 전략을 택하면 대부분 불안감이 더 커진다. 단기적으로는 더욱 불안해지지만 이것은 꼭 필요한 변화다. '더 불안해지는 쪽을 내가 선택하는 거야. 기꺼이 불완전한 사람이 되겠어.' 이런 식으로 자기 생각과 맞설 때 느끼는 감정이다.

이 모든 과정이 반복되면, 경고음처럼 터져 나오던 불안감이 줄어들고 사람들과 어울리는 상황에도 익숙해진다. 가끔 거절당해도 어떻게 대처할지 알게 되고, 그만큼 회복력도 훨씬 강해진다.

실천 30

호흡은 어떻게 불안을 조절하는가

알아야 할 사실

불안감이 느껴질 때 잠시 하던 일을 멈추고 몸에서 가장 불편한 부분을 집중해서 찾아보자. 가슴? 배? 머리가 아픈가? 심장이 두근거리는가? 불편한 곳을 찾았다면, 그쪽으로 숨을 보낸다고 생각하면서 호흡하자. 새로 들이마시는

숨에 치유의 힘이 있고, 그 힘으로 불편함을 맞이한다고 상상하며 계속 호흡하자. 마음가짐을 확장하기로 다짐했다면 이 '환영의 호흡'은 그 결심을 표현할 수 있는 강력한 방법이다.

불안감에 저항하기보다 맞이한다는 기분으로 계속 호흡한다. 몸에서 불편하게 느껴지는 곳을 인식하면서 계속 새로 들이쉬는 숨으로 지탱하고, 불안한 감정을 통제하려는 의지를 담아서 숨을 내쉰다. 그리고 생각한다. '이 감정도 꼭 필요한 감정이야. 이 감정이 내게 머무르는 동안 기꺼이 맞이해보자.'

실천 방법

'환영의 호흡'을 처음 시도하면 어색할 수 있다. 우리는 의식적으로 연습하지 않는 한 폐의 일부만 사용해서 숨을 얕게 쉰다. 하지만 격렬하게 운동하지 않아도 심호흡은 할 수 있다. 산소를 평소보다 좀 더 들이마신다고 해가 될 것도 없다.

'환영의 호흡'을 계속하다 보면 감정 변화가 느껴질 것이다. 불안감이 더 강해지거나 약해질 수도 있다. 불안할 때 몸에서 불편하게 느껴지는 곳이 바뀔 수도 있다. 다른 감정이 함께 올라올 수도 있다. 그런 경우에는 그 감정도 함께 환영하자. 무슨 변화가 일어나건 계속 호흡하고, 맞이하고, 감정이 그곳에 머무르면 머무르는 대로, 변화하면 변화하는 대로, 멈추면 멈추는 대로 두자. 사그라진 감정이 다시 느껴져도 그냥 두어라.

몸 전체를 활짝 열고 변화가 일어날 수 있는 몸의 공간을 넓히면 이 모든 과정이 더 원활하게 이루어진다. 우선 폐가 최대한 팽창되도록 등을 곧게 편다. 감정이 자유롭게 돌아다니려면 공간이 넓어야 한다. 이 호흡은 무슨 일이 일어나건 반갑게 맞이하고, 통제하려는 마음을 내려놓고, 시시각각 변하는 감정을 있는 그대로 느끼겠다는 결심을 몸으로 표현하는 하나의 수단이다.

손님을 반갑게 맞이하는 집주인이 되었다고 생각하자. 호흡에 계속 집중하면 자신이 감각이나 감정을 얼마든지 받아들일 수 있다는 사실에 스스로 깜짝 놀랄 것이다.

감정에 압도되거나 주의가 산만해지고 불안감이 사라

지지 않더라도 낙심할 것 없다. 처음에는 그럴 가능성이 크다. '환영의 호흡'도 다른 모든 기술처럼 연습이 필요하다. 감각과 감정은 대부분 여러 번 다시 솟구친 다음에야 그 감정에 회복력이 생겼다고 느끼거나 감정이 크게 줄어들었음을 깨닫게 된다. 감각과 감정을 반갑게 맞이하겠다는 마음을 잃지 않는 한 우리는 계속 성장하고 발전할 수 있다.

늘 거부해온 것을 받아들이고 환영하는 것은 힘든 도전이다. 중요한 건 불편한 감정을 느껴보겠다는 의지다. 사람들은 불편함을 느끼지 않으려고 평생 애쓰면서 살아간다. 그러므로 불편한 감정을 맞이하는 것은 엄청난 발전이며, 꼭 필요한 일이다. 불편하지만 필요한 감정은 초대하지 않았는데도 어김없이 나타나는 손님과 같다. 어차피 올 손님이라면 그냥 초대하는 편이 대처하기에도 수월하다.

실천 31

불안감과 맞서는 것이 인생의 전부는 아니다

알아야 할 사실

불안감을 키우는 생각과 부정적인 감정을 줄이기 위한 노력이 효과가 있더라도, 그런 감정이 완전히 사라지지 않을 수도 있다. 불안감에 며칠이나 밤잠을 설치고, 불안할 때마다 하던 부적절하고 해묵은 습관이 슬그머니 돌아올 수도 있다. 하지만 조금 나아졌던 상태가 다시 나빠지더라도 부정적인 영향의 강도나 지속 시간, 빈도가 전부 예전과 반드시 똑같지는 않을 것이다. 이제는 훨씬 빨리 회복할 수 있다. 걱정과 고민을 철두철미하게 관리하지 못한다고 해서 자신을 비난할 필요도 없다.

상황을 역전시키기 위해 노력할 때는 큰 그림을 보면 도움이 된다. 하던 일에 차질이 생겼다면 거기에만 집중해서 심각한 문제인 것처럼 확대해석하지 말고 멀리 봐야 한다. 그래야 불안감이 줄었다가 다시 커지는 일이 반복되면서 발생하는 문제를 막을 수 있다.

시야를 넓혀 멀리 내다보면 자신이 인지기능과 감정, 행동을 활용하고 변화시켜서 새로운 불안감과 익숙한 불안감을 확실히 통제하는 기술을 알고 있다는 사실을 상기할 수 있다. 긴장감을 견디는 것이 즐기는 것과 같지 않다는 점도 알게 된다. 멀리 내다봐야 하는 가장 중요한 이유는, 그래야 불안감과 맞서는 것만이 인생의 전부가 아님을 깨닫게 되기 때문이다. 인생을 무엇으로 채울지는 자신의 선택에 달려 있다. 큰 그림을 보는 전략은 반복되는 불안감을 효과적으로 통제하는 유용한 방법이다.

변화를 하나의 사건이 아닌 전체 과정의 일부로 여기자. 그러면 상황이 나아지고 성장하기 위해 기복이 따른다는 사실을 더 수월하게 받아들일 수 있다. 이렇게 변화를 지켜보면 잘 나가다 한 번 넘어지더라도 모든 게 허사가 된다고 여기지 않으며, 스스로 느끼는 부담도 훨씬 줄어들게 된다. 이런 마음을 가지고 새로운 불안을 느낄 때마다 인지 기능과 감정, 행동을 활용하고 변화시키는 기술을 연마할 기회로 삼아보자. 그렇다고 연습을 위해 불안감이 들쑥날쑥 재발하기를 기다리라는 말은 아니다. 평소에 수시로 활용하기만 해도 이 기술을 충분히 갈고닦을 수 있다.

실천 방법

불안감은 조기에 대처하자! 살면서 겪는 일에 불필요한 불안이 슬슬 올라와서 마음을 휘젓기 시작하면, 더 발붙이기 전에 다음과 같은 예방 조치로 불안감을 내보내자.

- **인생에서 가장 중요한 것을 기억하자.**

  가족일 수도 있고, 열정을 갖고 노력 중인 목표일 수도 있다. 두려운 것보다 소중한 것에 더 중점을 두자.

- **불안해서 나타나는 증상과 자신을 구분하자.**

  불안감을 느낀다고 해서 불안한 사람이 되지는 않는다. 가끔 불안감을 느끼고 이런 감정을 덜 겪게 되기를 바라는 사람일 뿐이다. 불안감과 자신을 동일시하지 않아야 그 감정에서 벗어날 수 있다.

- **계속 방어하자.**

  지금 느끼는 불안감과 맞설 수 있는 기본 방법을 적극적으로 활용하자. 첫 단계조차 시작할 의욕이 생기지 않을 때는 불안감이 내 인생에서 가장 소중한 것들에 방해가 되지 않도록 지금 열심히 노력 중이라는 사실을 상기하자.

6부

걱정에 휘둘리지 않는 자세

실천 32

걱정 시간 따로 내기

알아야 할 사실

걱정 시간이란 말 그대로 걱정을 위해 작정하고 따로 마련하는 시간이다. 걱정 시간은 '스스로 누리는 시간'이라는 점에서 그냥 걱정하는 것과 차이가 있다. 언제, 무엇을 걱정할지 스스로 정하는 일은 생각보다 큰 변화다. 걱정은 우리가 위협을 감지하면 그 반응으로 일어나는 정신 작용이다. 또한 특정한 생각에 동반되는 부정적인 감정을 미리 막아서 자신의 안전을 지키려는 행동이다.

불안한 생각을 표출할 시간을 스스로 정하고, 그 시간에 생각이 있는 그대로 드러나게 두면 걱정을 대하는 나름의 계획이 생긴다. 걱정을 대하는 자세가 달라지면 걱정과 동등한 위치에서 맞설 수 있다. 놀이터에서 자신을 괴롭히는 못된 아이에게 늘 당하기만 하다가 맞서는 일과 비슷하다. "여긴 우리 동네야. 덤벼! 한번 해보자고." 이런 메시지를 자신에게 전달하는 것과 같다.

계획과 목적을 가지고 걱정하고 나면, 안전 전략이 확장 전략으로 변모한다. 걱정 시간에는 불안한 생각을 자진해서 꺼내고 그 생각을 거부하지 않아야 한다.

실천 방법

하루 중에 온전히 걱정만 할 수 있는 시간을 정하자. 그리고 다른 중요한 약속이나 일정처럼 그 시간에 알람을 맞춰

두거나 달력에 표시해두자. 걱정 시간은 당연히 기대되거나 설레는 일정이 아니므로 친구와 만나거나, 영화를 보거나, 다른 즐거운 일을 하기 전으로 잡으면 좋다.

미리 정해둔 걱정 시간이 되면 아무도 방해하지 않을 만한 장소로 가서 10~20분간 타이머를 맞춘다. 그리고 마음껏 걱정한다. 타이머가 울릴 때까지 걱정을 멈추지 않는다. 어떤 생각도 반박하거나 억누르지 말자. 걱정하기로 한 건 자신의 결정이고 자신이 원해서 하는 일이다. 생각하고 느끼는 모든 것이 자유롭게 흘러나오도록 두자. 아무런 저항도 하지 마라. 문제를 해결할 방법을 찾고 싶은 마음이 들더라도 그쪽으로 빠지면 안 된다. 아무것도 해결하려고 하지 말고 그냥 느껴지는 대로 느껴라.

반대로 마음이 걱정이 아닌 평범한 생각들로 흘러갈 수도 있다. 그러면 다시 걱정이 중심이 되도록 초점을 맞춰라. 걱정 시간에는 계획한 대로 걱정만 해야 한다. 생각이 다른 곳으로 향할 때마다 다시 걱정에 집중하자!

실천 33

걱정을 농담으로 만들기

알아야 할 사실

걱정은 직관과 다르게 움직이며, 없애려고 할수록 더 끈질기게 남는다. 걱정을 농담으로 만드는 연습의 핵심은 걱정되는 일을 더욱 수월하게 받아들여서 별로 중요하지 않은 일로 만드는 것이다. 또한 떠오르는 생각에 더 귀 기울이고 그 생각을 받아들이기 위한 연습이기도 하다. 영리한 생각, 바보 같은 생각, 즐거운 생각, 화나는 생각, 무서운 생각 등 모든 생각은 생각일 뿐이며 내면에서 일어난 잠깐의 씰룩거림이다.

우리는 머릿속에 떠오르는 생각을 선택할 수 없다. 누구나 정말 많은 생각을 하지만, 그중 많은 부분이 과장되었거나 사실과 다르다. 그런 생각이 떠오르는 것은 이상한 일이 아니다. 그러므로 생각에 끌려다니거나 맞설 필요가 없다. 그저 귀를 기울인 다음 하던 일을 계속하면 된다.

하지만 어떻게 해야 할까? 저조한 기분을 떨치려고 노력하면 오히려 그 상태가 더 오래 지속되고 강렬해지곤 한다. 반대로 좋은 기분을 쭉 유지하려고 하면 손에 쥔 모래처럼 금세 사라진다.

노력해도 안 된다는 생각에 실망감이 들 때는 꼭 상기해야 할 중요한 사실이 있다. "애쓰면 애쓸수록 결과는 더 반대로 간다." 이 말을 걱정에 적용하면 걱정을 버리려고 애쓰는 대신 그것을 인식하고 '마음에 담아두어야 한다'는 의미다. 사람들은 걱정이 많은 사람에게 흔히 "그런 생각은 다 털어버려!"라고 하지만, 그 말과 반대로 해야 한다는 소리다. 그렇다면 걱정을 마음에 담아두려면 어떻게 해야 할까?

걱정을 의도적으로 기억하고, 머릿속에서 이리저리 굴려보고, 반복해서 떠올리고, 잊지 않으려고 노력하고, 잘 기억하고, 3분마다 확인하면서 되새겨라. 왜 그렇게 해야 할까? "애쓰면 애쓸수록 결과는 더 반대로 간다"는 말대로라면, 일부러 더 집중해서 걱정할수록 걱정은 훨씬 줄어들기 때문이다!

실천 방법

그렇다면 걱정을 어떻게 농담으로 만들 수 있을까? 여러 가지 방법이 있는데, 그중 한 가지는 걱정을 하나 떠올리고, 받아들이고, 한껏 부풀리는 것이다. 즉흥 연극 훈련 기법 중 두 배우가 "맞아, 그리고"라는 말을 번갈아 하면서 이야기를 즉흥적으로 이어가는 연습이 있다. 어떤 장면에서 상대방이 무슨 말을 하든 일단 받아들인 후, 그 말에 새로운 말을 덧붙이는 것이다. 상대방이 방금 한 말을 반박하거나, 부정하거나, 거부하면 안 된다. 무조건 그대로 수용한 다음에 자신이 할 말을 덧붙여야 한다. 아무것도 거부하지 않는 것, 상대방이 하는 대로 받고 거기에 살을 덧붙이는 것이 즉흥 코미디 연극의 가장 기본적인 원칙이다.

이 기법을 무대뿐만 아니라 우리 마음속에도 적용할 수 있다. 연극과 걱정하는 생각에 적용할 때의 쓰임새는 서로 다르지만, 분명한 건 도움이 된다는 점이다.

어떻게 활용할 수 있을까? 다음은 걱정을 농담으로 만드는 몇 가지 예시다.

- 비행기 안에서 내가 갑자기 난동을 피워서 사람들이 날 묶으려고 하면 어쩌지?
  → 맞아, 그렇게 되면 비행기가 착륙하자마자 모든 사람들이 나를 구경할 수 있게 시내에서 거리 행진까지 한 다음에 정신병원으로 데려갈걸. 그 모습이 저녁 뉴스에도 나와서 다들 보게 될 거야.

- 결혼식 피로연에서 초긴장 상태로 손까지 덜덜 떨릴 것 같은데, 남들이 보면 어쩌지?

→ 맞아, 손이 너무 떨려서 뜨거운 수프를 쏟는 바람에 신부가 2도 화상을 입고 신혼여행도 못 가게 될지도 몰라.

- 죽을병에 걸린 거면 어쩌지?

  → 맞아. 그럴 수도 있으니까 병원도 지금 예약하자. 장례 업체도 미리 찾아놓는 게 좋지 않을까?

이런 농담의 핵심은 걱정을 없애는 것이 아니다. 사람들은 만성적인 걱정을 떨치려는 노력에 너무 익숙해져서, 잠깐 농담으로 만들어보다가도 금세 "소용없어, 계속 걱정되는걸" 하며 포기하곤 한다. 걱정을 떨치는 것이 이 연습의 목표가 아니다. 이 연습의 목표는 걱정을 더 적극적으로 받아들이는 것, 그래서 인생에 덜 방해가 되도록 만드는 것이다. 그러니 포기하지 말고 걱정을 우스운 이야기로 만들어보자!

실천 34

걱정을 별일 아니게 만드는 3단계 연습

알아야 할 사실

자동으로 떠오르는 생각은 평생 끝없이 연주되는 인생의 배경음악과 같다. 그중에는 의미가 있는 생각도 있고 그렇지 않은 것도 있다. 즐거운 생각도 있고 그렇지 않은 생각도 있다. 정확할 때도 있지만 그렇지 않을 때도 있다. 이 배경음악은 끄는 스위치가 없고 볼륨 조절도 안 된다. 물고기가 물속에서 살아가듯, 우리는 각자의 생각 속에 잠겨서 살아간다.

생각은 마음대로 선택할 수 없다. 하지만 생각에 어떻게 반응할지는 선택할 수 있다. 일생을 사는 동안 주어진 시간을 어떻게 쓸 것인지도 스스로 선택할 수 있다. 생각이 원하는 방식대로 정리가 되어야만 하고 싶은 일을 할 수 있는 건 아니다.

사람들은 '좋은' 생각은 간직하고 '나쁜' 생각은 없애려고 한다. 그런 노력은 어디에서 이루어질까? 바로 머릿속이다! 인생은 계속 흘러가고 있는데, 머릿속에서 그러고 있느라 정작 삶을 놓치고 만다. 삶의 현장인 햇살 가득한 밖으로는 나가지 않고 집안에서 가구 위치를 이리저리 바꾸는 일에만 몰두하는 것과 같다. 생각은 머릿속에서 알아서 드나들도록 내버려두고, 바깥세상으로 나가서 이번 생을 함께하는 사람과 사물들 속에서 자신에게 정말로 중요한 일을 하자.

실천 방법

걱정이 김새게 만드는 연습을 소개한다. 시간이 오래 걸리지는 않지만, 다른 사람에게 들릴 걱정 없이 집중하려면 혼자 편히 있을 수 있는 시간과 장소가 필요하다. 좀 바보 같은 연습처럼 느껴질 수도 있지만 일단 해보자. 총 세 단계로 나뉜다.

- **1단계**: 걱정을 '만약에'로 시작하는 짤막한 문장으로 써본다. 평소에 자주 떠올리는 속상한 일을 골라서 그 일과 관련된 가장 불쾌한 생각을 찬찬히 떠올려본다. '만약에'로 문장을 열고, 그 일로 생길 수 있는 나쁜 결과와 다시 떠올렸을 때 느낄 불편한 감정을 두세 가지 덧붙인다. 다음은 몇 가지 예시다.
  사람에 따라 예시를 읽는 것만으로 마음이 불안해질 수 있다. 그런 감정도 다 지나가겠지만, 지금 당장 시도하기가 부담스럽다면 책에 표시해두었다가 한번 견뎌보자는 의지가 생겼을 때 다시 읽자.

예시

자신이 돌연 이성을 잃을까 봐 걱정될 때

걱정 문장: 만약에 내가 미쳐버리면 어쩌지?

다듬기: 만약에 내가 미쳐버려서 정신병원에 갇히면 어쩌지?

완성: 만약에 내가 미쳐버려서 정신병원에 갇히고, 긴 세월을 처참한 몰골로 아무 의미도 없이 살면 어쩌지? 기억력도 잃고, 이도 다 빠지고, 머리는 엉망진창으로 흐트러지고, 버려져서 외롭게 혼자 살게 된다면?

파티에서 자신이 바보처럼 보일까 봐 걱정될 때

걱정 문장: 만약에 파티에서 내가 너무 심하게 긴장하면 어쩌지?

다듬기: 만약에 파티에서 내가 너무 심하게 긴장하는 바람에 땀을 찔찔 흘리고 몸을 떨면 어쩌지?

완성: 만약에 파티에서 내가 너무 심하게 긴장하는 바람에 땀을 찔찔 흘리고, 몸을 떨고, 바지에 오줌까지 싸서 사람들이 평생 날 피하려고 하면 어쩌지?

'만약에'로 시작한 문장을 처음 쓴 대로 끝내지 마라. 조금 시간을 들여서 다듬고, 걱정되거나 꺼려지는 일들을 전부 자신만의 표현으로 덧붙여서 문장을 최대한 늘려보자.

- **2단계**: 작은 쪽지 스물다섯 장을 준비하고 1부터 25까지 숫자를 각각 써넣는다. 이쑤시개, 동전, 젤리(또는 작은 사탕) 등 작은 물건 스물다섯 개를 준비해도 된다. 준비되면 모두 탁자 위에 올려두자.

- **3단계**: 거울 앞에 앉거나 선다. 앞서 작성한 걱정 문장을 큰 소리로 스물다섯 번 읽는다. 한 번 읽을 때마다 숫자가 적힌 종잇조각이나 작은 물건의 위치를 옮겨서 읽은 횟수를 정확하게 센다. 머릿속으로 세면 숫자 세기에 집중하게 되므로, 스물다섯 번을 읽는 동안은 걱정에만 집중할 수 있도록 반드시 종이나 물건을 활용하자. 만성적인 걱정에 시달려온 사람들은 대부분 이렇게 반복해서 말하다 보면 걱정이 힘을 잃는다는 사실을 알게 된다. 마지막으로 읽을 때는 맨 처음 읽을 때보다 마음이 덜 불편할 것이다. 그런 변화를 느꼈다면 만성적인 걱정의

특징에 관해 큰 깨달음을 얻게 된다.

그 걱정을 없애려고 그동안 어떤 노력을 해왔는지, 그게 얼마나 소용이 없었는지 생각해보라. 큰 소리로 몇 번 말하는 것만으로도 걱정은 힘을 잃는다. 물론 걱정의 영향력이 아예 사라지지는 않겠지만, 반복해서 말하다 보면 그 걱정이 떠오를 때 일어나는 자신의 감정 반응이 달라진다는 사실을 깨달았을 것이다.

이런 결과를 얻지 못했다면, 글로 쓴 걱정이 만성적으로 자신을 괴롭혀온 걱정거리가 맞는지 잘 생각해보고 아니라면 다른 걱정으로 바꿔 써보자. 자신에게 중요한 걱정이 맞는데도 이 연습이 효과가 없다면, 다른 문제를 겪고 있을 수도 있다. 예를 들어, 미래의 일을 걱정하거나 심한 강박을 느끼는 것이 아니라 과거의 우울한 기억이 걱정의 핵심이라면 이 연습은 소용이 없다. 그런 경우에는 이 문제를 전문적으로 다루는 치료사의 도움을 받는 것이 좋다.

실천 35

그냥 하려던 일을 하자

알아야 할 사실

반려견을 키우는 집은 대부분 밖에 데리고 나가서 산책을 시킨다. 하지만 살다 보면 귀찮을 때가 있다. 날씨가 춥거나, 눈이 오거나, 책을 쓰느라 너무 바쁘거나, 두통이 있는 날도 있고 그냥 내키지 않을 수도 있다. 개들은 산책할 때 절대 뜻대로 움직이지 않는다. 먼저 마구 달려가기도 하고, 어서 가자고 잡아당기기도 한다. 반대로 한참 뒤로 처지는 바람에 가자고 재촉해야 할 때도 있다. 먹으면 안 되는 것에 입을 대거나, 사람들을 보고 짖기도 한다. 그렇다고 반려견에게 밖에서 용변 볼 기회를 자주 주지 않으면 집안에서 볼일을 다 해결한다. 두통에도, 책 쓰는 일에도 결코 도움이 안 된다.

걱정을 일으키는 생각은 반려견과 닮은 구석이 많다. 지금 그럴 기분이 아닐 때도 관심을 요구한다는 점, 내 뜻대로 되지 않는다는 점도 그렇다. 산책시켜야 하는 번거로움은 있지만 함께하면 더 나은 삶이 된다는 것도 공통점이다!

실천 방법

바쁠 때는 걱정이 덜하고 무료할 때는 걱정이 많아진다. 이런저런 활동으로 분주할 때는 만성적인 걱정이 더 빨리 잦아드는 경우가 많다. 그러므로 바깥세상에 나가서 관심과

에너지가 외부로 향하도록 만드는 것이 좋다. 그렇다고 무조건 바쁘게 지내려고만 하면, 원치 않는 생각을 억지로 없애려고 애쓰는 것과 똑같다. 없애고 싶다고 뚝딱 없앨 수 있는 게 생각이라면 애초에 아무 문제도 없을 것이다. 하지만 생각은 없애려고 달려들수록 대체로 더 강력해진다. 걱정도 마찬가지다.

저녁에 파티가 있는 날 걱정거리가 있으면 파티에 가고 싶은 마음이 싹 사라진다. 하지만 우리 인생은 '입은 옷 그대로 몸만 가면 되는' 편한 파티와 같다. 걱정거리가 있으면 그 걱정도 함께 데리고 파티에 가라. 걱정할 일이 없다면 파티를 더 행복하게 즐길 수 있으리란 생각이 들고 정말로 그럴 수도 있다. 하지만 지금 당장 마음대로 걱정을 없애지 못한다고 해서 침대에 걱정과 단둘이 가만히 누워 있는 편이 나을까? 그렇진 않을 것이다!

걱정이 삶에 끼어들어도 그냥 하려던 일들을 하면 걱정이 생각보다 일찍 자리를 뜰 수도 있다. 최소한 걱정이 떠나기만을 기다리지 않고 삶을 계속 살 수 있다. 사람들은 걱정이 많을 때 아무것도 하지 않는 게 좋다고 믿는 경향이 있다. 심한 걱정에 시달릴 때보다 그렇지 않을 때 더 좋은 결과가 나온다고 생각한다. 또한 걱정이 많을 때는 남들과 어울리지 않고 혼자 있으려고 한다. 다른 사람들이 자신의 고통을 알아채거나, 괜히 성가신 일이 생길지도 모른다고 생각하기 때문이다.

이런 생각들은 걱정거리가 있을 때 우리의 본능적인 반응이 얼마나 도움이 안 되는지를 보여준다. 지금 시달리고 있는 걱정을 우선 없애고, 외부 활동은 그다음에 해야 한다는 판단에서 나오는 생각들이지만 실제 결과는 정반대인 경우가 더 많다.

내면세계에서 벗어나 밖으로 나오면 에너지와 집중력이 세상으로 향하면서 '머릿속'에서 차지하는 비중이 줄어든다. 게다가 외부 세계에서는 현실적인 경험법칙✔이 더 많이 쓰이는 것과 달리 머릿속에서는 무엇이든 상상할 수 있다. 아직 일어나지 않은 일에 대한 걱정이 실제로 일어나는 일보다 부정적인 이유는 머릿속에서는 뭐든 다 가능한 일처럼 느끼기 때문이다! 그러므로 현실의 규칙이 적용되는 바깥세상으로 나와야 한다.

✔ 경험으로 알게 되는 지식과 법칙이다.

실천 36

걱정을 큰 소리로 말해보자

알아야 할 사실

자신을 관찰하는 연습은 어색하고 내키지 않을 수 있다. 걱정은 대부분 여러 가지 일을 동시에 할 때 무의식적으로 떠오른다. 운전 중에, 수업을 듣다가, 샤워 중에, 식사 중에, TV를 보다가, 그 밖에 크게 집중하지 않고 할 수 있는 일상적인 일을 할 때 걱정이 끼어든다. 보통 걱정에만 집중하는 경우는 별로 없어서 걱정은 끝없이 계속 이어지기 쉽다.

이처럼 무의식적으로 떠오르는 걱정은 영향력이 강하다. 게다가 다들 이렇게 추측하곤 한다. "이게 내 생각이라면, 분명히 무슨 의미가 있을 거야." 인간은 온갖 얼토당토않은 생각을 떠올린다는 사실과, 생각은 마음이 불안할 때 나타나는 일종의 증상이라는 것을 모르는 경우가 많다.

걱정을 큰 소리로 말해보면 말로 직접 표현하는 동시에 귀로도 듣게 된다. 거울 앞에 서서 걱정을 소리 내어 말해보자. 그러면 걱정하는 자기 모습을 보게 된다. 마음속에 숨어서 걱정하는 게 아니라 걱정을 직접 듣고, 걱정하는 자기 모습을 눈으로 보게 되는 것이다. 이렇게 되면 걱정이 더 이상 잠재의식에만 머무르지 않게 되어 걱정을 좀 더 정확한 관점으로 보는 데 도움이 된다.

실천 방법

거울 앞에서 큰 소리로 걱정을 말해보자. 처음에는 낯설고 어색할 수 있다. 하지만 이 책을 집어 든 여러분은 이미 걱정 때문에 갖가지 경험을 해봤으리라 생각한다.

미리 시간을 정해놓고 걱정하는 자기 모습을 관찰해보자. 하루에 두 번 정도로 정하고, 일정표에도 써둔다. 혼자 있는 시간, 전화가 오거나 집에 누가 찾아와 초인종을 누를 일이 없는 시간, 사람들과 대화하지 않아도 되고 반려동물이나 아이들을 돌보지 않아도 되는 시간으로 선택하자. 단, 아침에 일어난 직후나 잠자리에 들기 전 마지막으로 할 일로는 적절치 않다. 식사 직후도 피하자.

이 연습의 장점은 '관찰자'가 되어 자신의 걱정을 더 자세히 들여다볼 수 있다는 것이다.

7부

편안함에 이르는 길

실천 37

해석이 중요하다

알아야 할 사실

상황 자체보다 그 상황에 대한 자신의 해석이 불안감을 일으킨다는 사실을 알면, 불안에서 벗어나는 새로운 길이 열린다. 해석을 바꾸면 편도체의 활성을 줄일 수 있다.

리즈는 국어 수업에 내야 하는 글쓰기 과제 때문에 불

안감을 느낀다. 이 상황을 구성하는 요소는 과제가 생겼다는 사건과 리즈의 대뇌 피질이 내놓는 해석, 리즈의 감정(불안감), 이렇게 세 가지다. 얼마 전에도 글쓰기 과제가 있었고 선생님이 채점 후 다시 나눠줬는데, 리즈의 글에는 선생님의 의견이 가득 적혀 있었다. 그걸 보면서 리즈는 이렇게 생각했다. '선생님 의견은 전부 내 실수를 지적한 내용이야. 나는 글솜씨가 형편없는 게 틀림없어. 이 수업은 낙제할지도 몰라.' 이런 생각이 들자마자 토할 것 같은 기분이 들었고 몸이 떨리기 시작했다. 자신이 도저히 감당할 수 없는 일처럼 느껴지기도 했다. 리즈의 생각이 편도체를 자극한 것이다.

하지만 시간이 지나 선생님의 의견을 다시 자세히 읽어보니, 고칠 부분을 지적한 내용도 있지만 칭찬도 있고 유익한 조언도 있었다. 리즈가 쓴 글을 보면서 선생님이 떠올린 생각도 적혀 있었다. 그 과제의 성적은 B였다. 그리 나쁘지 않지만, 발전의 여지가 있는 점수였다. 리즈는 이 일에 관한 자신의 해석을 바꿔보기로 했다. 그리고 선생님의 의견을 이렇게 생각하게 되었다. '선생님은 내게 도움이 될 만한 의견을 준 거야. 나도 어떻게 하면 글을 더 잘 쓸 수 있는지, 더 높은 점수를 받을 수 있는지 고민해봐야겠어.' 이렇게 같은 사건에 대한 해석이 달라지면 처음과 같은 불안감은 들지 않을 것이다.

불안감을 느끼는 상황이 생기면, 대뇌 피질이 제시하는 해석을 검토하는 기회로 삼아보자. 사건, 해석, 그에 따라 발생하는 감정이라는 세 가지 요소를 염두에 두고, 불안감을 줄이려면 이 요소들을 각각 어떻게 바꿀 수 있을지 생각해보자.

실천 방법

불안감을 느끼는 몇 가지 상황을 떠올리고 그것을 각각 다른 종이에 써보자. 그 상황에서 자신의 어떤 해석이 불안감을 유발했는지도 써본다.

이제 불안감을 일으킨 첫 해석과 다른 해석을 할 수 있는지 시간을 들여 찬찬히 생각해본다. 몇 번 연습하면 해석에 따라 감정 반응이 얼마나 다양하게 바뀔 수 있는지 알게 된다. 불안감을 줄이기 위해서는 마음이 더 차분해지는 해석과 더욱 균형 잡힌 해석에 중점을 두어야 한다. (141쪽 실천 28에서 설명한 대응 생각은 새로운 해석을 떠올릴 때도 도움이 된다.)

다른 해석을 찾았다면, 스스로 더 확실하게 받아들일 수 있도록 큰 소리로 말해보자. 입 밖으로 내보면 해석을 바꾸는 능력도 강화된다. 처음에는 이런 과정이 어색하고 다른 해석이 떠올라도 확신이 들지 않을 수 있다. 그러나 시간이 지나면 새로운 해석이 단단히 자리를 잡고, 애쓰지 않아도 떠오르게 된다. 대안으로 떠올린 해석을 의도적으로 많이 떠올리고 활용할수록 습관적인 반응으로 자리를 잡는다.

생각을 바꾸는 건 쉬운 일이 아니다. 하지만 자신이 상황을 어떻게 해석하고 있는지 주의 깊게 살펴보고, 상황을 다르게 보려고 노력하면 얼마든지 바꿀 수 있다. 편도체가 활성화된 다음에 생각을 진정시키는 것보다 편도체가 활성화되기 전에 생각을 바꾸는 것이 훨씬 수월하므로 노력해볼 만한 가치가 있다.

실천 38

문제의 핵심은 '불안감 채널'

알아야 할 사실

생각을 바꿔보려고 아무리 노력해도 부정적인 생각을 없애지 못하겠다고 토로하는 사람들이 많다. 이는 우리 마음이 작용하는 방식에서 발생하는 흔한 문제로, 여러 연구에서도 밝혀졌듯이 특정한 생각을 마음대로 지우거나 멈추는

것은 불가능하다.[○]

예를 들어, 분홍색 코끼리를 생각하지 말라는 말을 들으면 그 전까지는 생각하지도 않았던 코끼리의 모습이 곧바로 머릿속에 떠오르고 그 생각을 그만하려고 노력할수록 더 많이 생각하게 된다. 강박 성향이 있는 사람은 이런 패턴이 익숙할 것이다. 어떤 생각을 그만하자고 자신을 종용할수록 (그러느라 그 생각을 계속하게 되므로) 그 생각이 저장된 뇌 회로는 더욱 활성화되고 탄탄해진다.

불안감을 일으키는 생각을 떠올리는 뇌의 기능이 유독 활발한 사람들이 있다. 이런 사람들은 두려운 일이 벌어질 가능성이나 부정적인 시나리오를 떠올리는 데 탁월한 재능을 보인다. 창의력과 상상력이 뛰어난 사람일수록 더 쉽게 불안감을 느끼는 것도 이런 이유다. 이런 사람들은 자기 생활이나 어떤 일에 관해 생각하는 방식이 편도체의 관심을 끌어서 반응을 촉발하는 경우가 많다. 최악의 시나리오를 떠올리거나 자기가 한 상상에 스스로 겁을 먹는 사람들이 이에 해당한다.

○ Wegner et al, 1987

대뇌 피질을 TV에 비유한다면, 고를 수 있는 수백 개의 채널 중 '불안감 채널'만 계속 틀어놓는 것과 같다. 하필 그 채널이 취향에 꼭 맞는 것이다. 그렇게 모든 관심이 불안감을 부추기는 생각에만 쏠린 상태인데도 정작 자신은 그 사실을 깨닫지 못한다. 또는 자신의 상태를 직시하고 불안감을 일으키는 생각과 맞서려고 한다. 그러나 자기 생각과 싸우는 것은 TV 출연자가 정치적으로 도저히 동의할 수 없는 의견을 펼칠 때 TV를 향해 마구 화내며 반박하는 것과 별반 다르지 않다. 자기 생각과 싸우느라 너무 많은 시간을 쓸수록 그 생각에 더 집중하게 되고, 그러한 생각이 만들어진 회로는 계속 남는다.

레이첼은 최근에 취직 면접을 보고 왔다. 당일에는 꽤 잘했다고 느꼈지만, 나중에 자신이 면접장에서 했던 말들을 다시 떠올려보니 면접관들이 어떻게 생각했을지 확신이 들지 않았다. 그때부터 레이첼은 매일 합격 여부를 신경 쓰기 시작했고 걱정은 점점 깊어졌다. 의기소침해지고, 불합격할 것이라는 생각이 들기 시작했다. 면접에서 자신이 보인 반응을 다시 평가할수록 비관적인 생각이 더욱 커져서 절대 합격일 리 없다는 확신까지 생겼다.

레이첼의 뇌는 '불안감' 채널에 고정되어 있다. 주목할 점은 레이첼이 겪는 실질적인 문제가 면접이 아니라는 것이다. 면접이 채용에 얼마나 영향을 주는지도 알 수 없으므로, 문제의 핵심은 '불안감 채널'이다. 이런 사실을 깨닫는다면 이미 끝난 면접을 걱정하는 대신 다른 일자리를 찾아보고, 새 면접을 준비하며, 훨씬 생산성 있는 일을 할 수 있다. 지난 면접에서 깨달은 점들이 새로운 면접에 도움이 되리라는 사실만 생각해도 더욱 긍정적인 마음을 갖게 된다. 레이첼은 다음 면접의 전략을 세우기 시작하면서 마침내 자신이 불안감 채널에서 빠져나왔음을 깨달았다.

실천 방법

스스로 "그만!"이라고 외치며 특정 생각을 멈추는 '사고 중지thought stopping'라는 방법이 있다. 중요한 건 그다음 단계다. 멈추려는 생각을 다른 생각으로 대체하면 원치 않는 생각이 다시 떠오르는 것을 막는 효과가 커진다.

정원 일을 하는 내내 뱀이 나타날까 봐 두려워한다고

해보자. 그럴 때 "그만!"이라고 자신에게 말한 다음, 라디오에서 들은 노래나 지금 심고 있는 꽃들의 이름, 연인의 생일 선물로 생각해둔 것 등 다른 생각을 떠올려보자. 마음을 사로잡는 일이나 더 즐겁고 마음이 쏠리는 생각으로 대체하는 것이다. 불안감을 일으키는 생각을 더 관심 가는 다른 생각으로 대체하면, 없애고 싶은 생각이 다시 떠오르지 않을 가능성이 커진다.

불안감을 일으키는 생각을 해결하는 가장 좋은 방법은 '지우지 말고 대체하기'다. '내가 도저히 할 수 없는 일이야'라는 생각은 '쉽진 않겠지만 해낼 수 있어'와 같은 대응 생각으로 바꿔본다. 이런 대응 생각을 반복해서 떠올릴수록 생각을 조절하는 능력이 강화되고, 불안감을 막는 회로가 활성화된다. 어느 정도 연습하면 결국에는 새로운 생각이 먼저 떠오를 것이다.

실천 39

생각과 행동이 혼돈될 때

알아야 할 사실

특정한 사건과 그 사건에 관한 생각이 다르다는 사실을 알면 대뇌 피질에서 생기는 불안감을 통제하는 능력이 강화된다. 생각에 과도하게 사로잡혀서 생각은 그저 생각일 뿐임을 망각하는 것을 '인지적 융합cognitive fusion'이라고 한다.

인지적 융합의 핵심 특징은 내가 하는 생각과 내가 하나로 '융합'되어 최상의 삶을 살지 못하는 것이다.

아기를 키우는 젊은 엄마인 소니아는 문득 아이가 얼마나 약한 존재인지, 자신이 아이를 얼마나 쉽게 해칠 수 있는지 생각하기 시작했다. 그때부터 자신이 다양한 방식으로 아이를 해치는 생각이 머릿속을 가득 채웠다. 아이를 실수로 떨어뜨리는 상상을 하고, 자칫 잘못하면 물에 빠질 수 있다는 생각도 들었다. 이런 생각과 상상이 너무 끔찍해서 아이와 둘만 있기가 겁이 났다. 소니아는 자신이 그런 끔찍한 생각을 하다 보면 그 생각을 정말 행동으로 옮길지도 모른다고 믿었다. 자기 생각과 현실을 혼동하는 인지적 융합의 희생양이 된 것이다.

하지만 아이와 둘만 있기가 겁이 나는 것은 아이가 다칠까 봐 염려한다는 뜻이고, 필요하다면 아기를 보호하리라는 것을 알 수 있다.

대뇌 피질에서는 때때로 온갖 생각이 만들어진다. 누구나 그렇다. 하지만 그 생각들이 다 사실은 아니다. 일은 생각한 그대로 일어나지 않고, 모두가 생각한 대로 행동하지도 않는다. 그런데도 우리는 생각은 그저 생각일 뿐임을 쉽게 잊는다. 생각은 피질에서 일어나는 신경 작용으로 발생하는 결과이고, 현실과는 아무 관련이 없을 수도 있다. 피질에서 시작된 불안감을 통제하려면 생각과 실제 사건이 다르다는 것을 반드시 인지해야 한다.

실천 방법

자기 생각과 느낌을 그대로 믿는 습관은 뇌의 신경 연결을 바꾸고 이는 불안감을 이겨내는 뇌의 기능을 가로막는 걸림돌이 되기 쉽다. 대뇌 피질은 굉장히 유연하지만, 변화를 바란다면 그 기능을 기꺼이 활용하려는 의지가 필요하다.

다음 문장을 읽고 해당되는 항목에 표시하면서 자신의 인지적 융합 정도를 확인해보자.

- 걱정을 안 하면 일이 더 나빠질 것 같아 두렵다.
- 어떤 생각이 떠오르면 그 생각을 진지하게 받아들인다.
- 불안감이 드는 것은 뭔가 잘못될 수 있다는 명확한 신호라고 여긴다.

- 걱정한 덕분에 나쁜 일이 일어나지 않을 수도 있다고 생각한다.
- 마음이 불편한 일일수록 더 집중하고 평가해야 한다고 생각한다.
- 스스로 떠올린 생각이 두려울 때가 있다.
- 관점을 바꾸라는 이야기를 들어도 받아들이기가 어렵다.
- 의심이 들 때는 대부분 그럴 만한 이유가 있다고 생각한다.
- 스스로 생각하는 자신의 부정적인 면들이 전부 사실이라고 생각한다.
- 제대로 못할 것 같다고 예상한 일은 보통 제대로 못한다.

표시한 항목이 많다면, 현재 자기 생각과 감정에 과도하게 융합된 상태일 가능성이 크다. 생각과 느낌만으로 일이 그렇게 되지는 않는다는 사실을 알면 이런 상태에서 벗어나는 데 도움이 된다. 생각에 진실이 담겨 있다고 믿을수록 그 생각을 놓지 않으려는 저항이 커지고, 그만큼 대뇌피질의 신경 연결을 변화시키기도 어려워진다.

실천 40

근거 없는 생각에 사로잡히지 않는 법

알아야 할 사실

인지적 융합은 매우 흔한 현상이다. 누구나 자기 생각이 실제 현실이라고 여기는 경향이 있고, 그런 추측이나 해석을 의심하지 않을 때도 많다. 하지만 때로는 자기 관점을 의심해볼 필요가 있다. 괴로운 상황에 관한 관점은 더욱 그렇다. 자신이 떠올린 가정이 틀릴 수도 있다는 사실을 아는 것이 매우 중요하다. 인지적 융합이 일어나면 불안감이 불필요하게 커지기 때문이다.

인지적 융합이 일어나면 어떤 사건에 관한 생각에 실제로 일어난 일처럼 반응하게 된다. 아리아나는 어느 날 오후에 남자친구와 연락이 되지 않자 혹시 나쁜 일이 생긴 건 아닌지 걱정하기 시작했다. 사고당한 모습이 떠오르고, 어쩌면 자신과 헤어지려고 고민 중일지도 모른다는 생각도 들었다. 여러 가능성을 생각할수록 마음이 점점 혼란스러워졌다. 나중에 남자친구가 집에 핸드폰을 두고 나가서 연락이 안 됐다는 사실을 알고서 안도했다.

여기서 흥미로운 점은 아리아나가 자신이 떠올린 생각에 마치 그 일이 실제로 일어난 것처럼 반응했고, 그 생각이 불안감을 일으켰다는 것이다. 이런 비슷한 경험이 있는가?

불안감을 일으키는 생각에 인지적 융합까지 일어나면 불안을 느낄 위험성은 더욱 커진다. 그러므로 평소에 비관적인 생각이나 걱정이 많은 편이라면 인지적 융합이 일어나지 않도록 노력해야 한다. 예를 들어, 비관적인 생각과 실제로 일어나는 일은 별개라는 사실을 상기하면 도움이 된다.

뇌의 편도체는 실제 일어난 일과 머릿속에 떠오른 생각에 똑같이 반응한다. 그러므로 어떤 생각이 떠오를 때 그것이 불안감을 일으키는 생각임을 알면, 그 생각을 장시간 떠올리거나 깊이 파고들지 않으려고 노력하는 것만으로도 불안감을 크게 줄일 수 있다. 이런 설명을 들으면 논리적으로는 이해하면서도, 실제로는 자기 생각이나 느낌을 진지하게 받아들이고 걱정에 빠져드는 사람이 놀랄 만큼 많다. 심지어 다음 예시처럼 어떤 생각이 떠올랐다는 이유만으로 그 생각이 진실이라고 주장하는 사람들도 있다.

- 심적으로 불안정한 어느 여성은 자신감이 생기지 않는 건 자신감을 가지면 안 된다는 증거라고 주장한다.
- 어느 85세 노인은 혹시라도 넘어질 것이 겁이 나서 집 밖으로 나가지 못한다.
- 한 여성은 자신의 업무 성과를 스스로 비판하면서 곧 회사에서 해고될 것 같다고 걱정한다. 이 여성이 회사에서 실제로 나쁜 평가를 받은 적은 한 번도 없다.

대뇌 피질은 현실과 아무 상관없는 생각과 감정이 가득할 때가 많은 번잡하고 소란스러운 곳이다. 문제가 되는 건 생각과 감정이 아니라 그것을 진지하게 받아들이는 태도다. 심리학자 스티븐 헤이스Steven Hayes는 다음과 같이 설명했다. "이런 경험을 곧이곧대로 받아들이고 맞서 싸우려는 경향이 가장 큰 해가 된다." 헤이스는 '인지적 탈융합cognitive defusion'을 해결책으로 제안했다. 인지적 탈융합이란 자기 생각을 다른 입장에서 살펴보는 것, 즉 생각을 인지하되 거기에 사로잡히지 않는 것이다.

실천 방법

불안감을 느낀 경험을 떠올리고, 인지적 융합과 관련이 있는지 검토해보자. 불안한 생각이나 감정을 뒷받침할 근거가 전혀 없거나 약한 수준이었는데도 사실처럼 받아들이진 않았는지 살펴보자. 인지적 융합의 흔한 예는 위험하다고 판단할 만한 실질적인 이유가 없는데도 위험하다는 '느낌'만으로 위험한 상황이라고 믿는 것이다. 인지적 융합이 일어난 경험이 있었는지 찬찬히 생각해보고, 하나씩 써서 목록을 만들어보자. 다음은 몇 가지 예시다.

- 옆집 사람들이 우리 집 잔디를 보고 욕하는 것 같아.
- 이 파티장에 있는 사람 중에 날 반기는 사람은 아무도 없어.
- 공황발작이 한 번만 더 일어나면 난 절대 못 견딜 거야.

목록이 완성되면 다시 읽어보면서 근거 없는 생각들을 사실로 믿는 것이 불안감에 얼마나 영향을 주는지 생각해보자.

인지적 탈융합은 인지기능을 재구성하는 매우 강력한 방법으로, 생각을 곧이곧대로 받아들이지 않고 여러 경험 중 하나로 인식해서 자기 생각과 관계를 맺는 능력을 발전시키는 것이다. 예를 들어, 인지적 융합이 일어났을 때 다음과 같이 반응하면 그 생각을 인지하면서도 수용하지 않을 수 있다. '재밌네. 지금 내가 학위를 절대 못 딸 것 같다는 생각을 또 하고 있구나.'

이 방법을 성공적으로 활용하려면 자아정체감을 키워

야 한다. 그래야 피질에서 생각이 처리될 때 반드시 거치게 되는 과정에 휩쓸리지 않는다. 즉, 피질에서 발생하는 생각을 그대로 믿지 않고 피질의 기능을 관찰할 수 있어야 한다. "극단적인 생각을 조심해야 해. 이걸 그대로 믿을 이유가 없잖아. 편도체를 자극하기만 하는 생각이야." 이런 말을 스스로 하는 것도 자기 생각과 거리를 두는 데 도움이 된다.

마음챙김도 인지적 탈융합에 매우 유용하다. 마음챙김은 원하는 생각에 주의를 집중하는 능력과 기술을 키우고, 현실을 반영할 수도 있고 그렇지 않을 수도 있는 생각을 무조건 믿고 싶은 충동을 막는 데 도움이 된다.

실천 41

최악의 상황을 떠올릴 때는 이 질문부터

알아야 할 사실

20세기의 영향력 있는 심리학자 앨버트 엘리스Albert Ellis는 심리치료에 인지행동이론을 적용하는 데 기여했다. 엘리스는 상황을 지나치게 부풀리고 사소한 위험을 큰 재난으로 여기는 인간의 경향성을 '파국화'라고 표현했다. 심장이 빨리 뛰면 심장발작의 예고라고 여기거나 어떤 노래가 머릿속을 떠나지 않으면 자신이 미쳐가고 있다는 증거로 여기는 경향이 파국화다. 엘리스는 계속 불안감을 느끼는 사람들에게서 이런 식의 사고가 흔히 나타난다는 사실을 발견했다.

자꾸 상황을 지나치게 최악으로 해석한다면, 자신이 왜 그러는지 궁금했던 적이 있는가? 가족 중에 그런 사람이 있거나 영화에서 그런 장면을 본 적이 있는가? 외부의 영향일 수도 있지만 다른 요인이 있을 수도 있다. 쉽게 놀라거나 당황하는 사람은 최악의 상황부터 생각하고 부정적인 생각을 잘 떨쳐내지 못하는 경향이 있다.° 이런 경향 자체는 바꾸지 못해도 부정적인 생각에서 벗어나는 법을 익힐 수는 있다.

파국화는 '재앙화awfulizing'와 밀접한 관련이 있다. 재앙화는 안 좋은 상황을 실제보다 더 나쁜 일로 만드는데,°° 이런 경향이 있는 사람들은 특정 상황에서 필요 이상으로 겁을 내고, 어떤 일을 묘사할 때 "끔찍해", "최악이야" 같은 표

° McMillan et al., 2012

°° Ellis and Harper, 1997

현을 많이 사용한다. 마음속으로 자신이 처한 상황을 정말 나쁜 일로 여기는 것이다. 재앙화는 부정적인 감정을 더 크게 키우므로, 표현의 강도를 낮추면 큰 도움이 된다. "끔찍해" 대신 "마음에 안 들어"라고 표현했을 때 어떤 감정 변화가 생기는지 살펴보자.

실천 방법

최악의 상황을 떠올릴 때는 거기에 신경을 쓰고 몰두하느라 자기 생각을 검토하지 않을 가능성이 크다. 그러므로 자신이 상황을 파국으로 여기고 있음을 깨달았다면, 우선 자기 생각부터 돌아보자.

파국화는 상황에 부정적인 의미를 덧씌우는 것이다. 따라서 덧붙여진 의미를 없애면 그 생각을 누그러뜨릴 수 있다. 한 가지 좋은 방법은 불안감의 영향으로 떠오른 생각을 말로 정확하게 표현하고, 그다음에 무슨 일이 예상되는지 자문하는 것이다. "그래서 그다음에는?"이라고 묻고 답하는 방식은 파국화의 흐름을 끊는 데 도움이 된다.

중요한 시험에서 떨어졌다고 가정하자. 인생이 망했다는 생각이 들거나, 주변 사람들이 불합격 사실을 알게 되면 전염병 걸린 사람을 피하듯 자신을 피하려고 할지도 모른다는 상상까지 할 수도 있다. 정말로 그런 일이 일어날 가능성이 있을까?

먼저 자신의 해석대로 "내 인생은 이제 망했어"라고 표현한 다음, "그래서 그다음엔?"이라고 자문한다. "난 정말 비참해질 거야"라고 답했다면 계속해서 그 뒤를 예상해본다. 그래서 그다음엔? "다시 일상생활로 돌아가겠지." 그래서 그다음엔? "공부해서 시험을 다시 볼 거야." 시험을 다시 보는 것이 결론이라면, 불합격을 파국으로 여기며 괴로워하는 중간 단계를 건너뛰고 곧장 그 결론으로 가는 게 낫지 않을까?

실천 42

잘못한 점보다 잘한 점에 집중하기

알아야 할 사실

잘못을 저질렀을 때는 벌을 받아야 정신 차리고 똑바로 하려고 노력한다는 통념이 있다. 그래서 우리는 모든 상황에서 자신이 잘못한 것에 중점을 두는 경향이 있다. 멋모르고 장미를 만졌다가 찔린 후에야 줄기를 잡으면 안 된다는 사실을 깨닫는 식의 이런 부정적인 강화는 주변 환경에서 깨달음을 얻는 데는 도움이 될 수 있지만, 다른 사람들이나 자기 자신에게서 깨달음을 얻는 방식으로는 그리 효과적이지 않다. 학습 효과는 잘한 일에 꾸준히 보상이 주어질 때 가장 크게 나타난다.

새롭거나 어려운 것을 배울 때도 마찬가지다. 음을 잘못 쳤을 때도 집중력과 표현력이 좋다고 칭찬받으며 훈련해온 피아니스트는, 재능은 비슷하지만 흠 하나 없이 완벽한 연주를 했을 때만 칭찬을 받던 피아니스트보다 더 나은 음악가가 된다. 슛의 성공 여부와 상관없이 슈팅 자세가 좋다고 코치에게 칭찬받으며 연습해온 농구 선수 역시 슈팅이 골로 연결됐을 때만 칭찬받으며 연습한 비슷한 실력의 선수보다 슈팅 성공률이 높아질 가능성이 크다.

자기 행동을 바꾸고 싶을 때도 이 원리를 똑같이 활용할 수 있다. 차이가 있다면 칭찬하는 사람과 받는 사람이 모두 자기 자신이라는 점이다. 즉, 자신이 선생이자 학생이고, 코치이자 선수가 되는 것이다. 가르치는 사람은 지도 계획을 세워야 한다. 그리고 학생(자기 자신)이 잘하는 것에 초점을 두게끔 이끌어주고 칭찬도 많이 하자.

실천 방법

스스로가 선생이나 코치가 되는 것이 처음에는 어색할 수 있지만 적극적으로 시도해보자. 자신을 격려하고 토닥여야지, 완벽하지 않다는 이유로 자학하는 것은 바보 같은 일이다. 그런 이유로 자책하는 것은 정말 어리석은 행동이다.

원치 않는 생각을 가라앉힐 수 있는 다양한 전략을 연습할 때도 스스로 코치이자 선생이 되자. 자신이 세운 계획을 칭찬하고, 잘 실행 중일 때도 칭찬하고, 부정적인 감정도 기꺼이 받아들이려는 자신의 용기 또한 칭찬하자. 결과와 상관없이 실천에 옮긴 모든 시도를 칭찬하자!

실천 43

불안을 자극하는 단어에 대응하기

알아야 할 사실

불안감을 일으키는 특정한 단어가 있는가? 글로 적혀 있으면 읽지 않고 대강 넘기고, 소리 내어 말하는 것도 피하는 '자극 버튼' 같은 단어가 있는가?

아마 대부분 있을 것이다. 공황발작을 겪는 사람들은

'기절하다', '뇌출혈', '미친 듯이 고함치다' 같은 말을 피하는 경우가 많다. 여러 사람과 어울리는 자리에서 불안감을 느끼는 사람들은 '땀 흘리다', '몸이 떨리다', '얼굴을 붉히다' 같은 표현을 별로 좋아하지 않는다. 강박적인 생각이 멋대로 떠오르는 사람들은 그런 생각의 주된 내용인 '죽이다', '독살하다', '찌르다', '농약' 같은 말을 피하려고 한다. 특별한 문제가 없는 사람들도 제각기 다양한 단어에 '바짝 긴장되는 기분'을 느낀다.

예를 들어, 루시아라는 꼬마가 집에서 키우는 고양이의 발톱에 긁혔다고 하자. 이후 루시아는 한동안 고양이만 보면 겁을 내고, 집에 있는 고양이 말고 다른 고양이나 개를 봐도 무서워한다. TV 광고에 고양이가 나와도 놀라서 달아나고, '고양이'라는 글자만 봐도 눈물을 터뜨리거나 불편한 기색을 보인다. 곁에 고양이가 없을 때도 고양이라는 단어를 들으면 겁을 먹는다. 할퀴고 '이빨로 무는' 행동은 동물이 가진 특징인데도 '고양이'라는 단어에 그 특징이 부여되어, 고양이라는 단어를 듣거나 떠올리기만 해도 겁을 먹게 된 것이다. '고양이'라는 단어를 보거나 듣는 것과 발톱을 세우고 자신에게 달려드는 고양이와 실제로 맞닥뜨리는 상황을 구분하지 못하게 되었다고도 볼 수 있다.

이 사실을 알게 된 루시아의 부모는 고양이를 '고양이'가 아니라 다르게 부르면 루시아를 진정시키는 데 도움이 될 것이라고 생각했다. 어린아이들이 흔히 하는 말장난처럼 다른 단어를 새로 만들거나(고양이 대신 양이고라고 부르기), 고양이라는 명칭을 바나나로 대체해보았다. 루시아의 부모는 이런 식으로 아이가 놀라지 않도록 노력했다. 하지만 이 방법은 루시아의 머릿속에서 '고양이'라는 단어만 봐도 물고 할퀴는 고양이의 두려운 특성과 연관 짓는 경향이 더욱 강해지는, 의도치 않은 결과를 초래했다.

공황발작 환자 모임 중 이와 비슷하게 구성원 앞에서 '호흡breathing'이라는 단어를 쓰지 말라는 규칙을 정한 곳들이 있다. 환자 중에 이 단어에 민감하게 반응해서 호흡에 이상이 생기는 사람들도 있기 때문이다. 이런 규칙이 생기면, 과호흡과 그에 동반되는 모든 증상이 '호흡'이라는 단어와 연계된다. 루시아의 부모나 환자 모임이 택한 방식은 남을 보호하려는 배려가 그 사람에게 자극이 되는 단어에 덜 민감하게 반응하도록 만들기는커녕 더 취약하게 만들 수 있음을 보여준다.

실천 방법

자신에게 '자극 버튼'을 누른 것처럼 불안감을 일으키는 단어를 하나 선택하고, 주위에 아무도 없을 때 큰 소리로 스물다섯 번 말해본다. 특정한 단어나 생각과 연계된 특성을 분리하는 것이 이 연습의 목표다. 불안감을 일으키는 단어를 일부러 과도하게 사용하는 것도 좋은 방법이다.

루시아의 경우 고양이라는 단어에 웃긴 리듬을 붙이거나, 고양이를 주인공으로 노래를 지어서 부르거나, 고양이라는 글자로 그림을 그려보는 등 여러 가지 방법을 사용해볼 수 있다. 이렇게 하면 '고양이'라는 단어와 할퀴고 무는 동물의 특성과 연결된 고리를 끊을 수 있다. 루시아가 '고양이'라는 단어를 그렇게 활용하다 보면, 단어에 붙어 있던 날카로운 발톱의 느낌도 점차 희미해질 것이다.

실천 44

사회생활에서 불안을 해소하는 법

알아야 할 사실

우리 삶은 생각과 감정에 큰 영향을 받는다. 우리는 사회생활을 할 때 자신이 특정한 방식으로 느끼고 행동하리라고 기대하지만, 잘못된 기대와 믿음은 괴로운 감정(사회적 불안감, 수치심, 민망함, 남의 시선을 지나치게 의식하는 것 등)의

원인이 된다. 잘못된 믿음으로 생긴 불안감이나 두려움이 사회생활에 영향을 주면 사람들과 어울리는 자리를 편하게 생각해보기로 해도 우선 그런 믿음부터 이겨내야 하므로 엄청나게 힘든 노력이 필요하다.

사회생활에서 느끼는 불안감이나 두려움을 해결하고 싶은가?

실천 방법

사회생활에서 느끼는 불안감을 극복하는 50가지 방법을 소개한다.

- **두려움과 계속 싸워라.**

  두려움은 두려움을 먹고 자란다. 그러므로 두려워서 일시적으로 불편함을 느껴도 견뎌보자. 해보면 자신이 충분히 이겨낼 수 있음을 알게 된다. 정서적인 내성은 사회생활에서 마음이 편안해지는 발판이 된다.

- **시야를 넓혀라.**

  자신의 두려움에만 집중하지 말고 사람들에게 그들에 관한 질문을 던져보자. 사람들은 자기 이야기를 하는 것을 좋아한다.

- **걱정은 물리쳐라.**

  자신이 부적절하게 행동할지도 모른다는 걱정이 생기면 결론부터 내리지 말자고 반박해보자. 그런 다음 사람들과 스스럼없이 어울릴 줄 아는 사람처럼 행동해보자.

- **노스트라다무스 흉내는 그만두자.**

  사회생활에서 실수를 저지르면 세상이 무너질 것이라는 예상은 과하다. 잘못된 예측도 실제로 불안할 만한 진짜 이유가 있을 때와 똑같이 불안감을 유발한다. 그러므로 왜곡된 예측에 기대지 말고, 더 현실적으로 생각해보자.

- **혼자 예상하고 불안해하지 말자.**

  미래에 생길지 모를 위험을 최악의 상황까지 떠올리고 있음을 깨달았다면, 돋보기가 와장창 깨지는 모습을 상상하면서 상황을 파국으로 몰고 가는 자신의 관점도 깨졌다고 생각해보자.

- **말의 수위를 조절하라.**

  '사람들 앞에서 실수하면 영원히 망신당할 거야' 같은 과장된 표현은 지나친 일반화다. 이런 생각이 들 때는 일부러 사소한 실수를 저지르자. 이런 일로 세상이 끝나지는 않는다는 것을 스스로 증명할 수 있다.

- **자신이 생각하는 정의가 정확한지 따져보라.**

  사람들과 어울리는 자리를 바보 되기 십상인 자리로 정의해버리면 실제로도 그렇게 느낄 가능성이 크다. 그런 자리를 좀 더 긍정적으로 정의하면 마음도 한결 나아진다.

- **어색하면 어색한 대로 받아들여라.**

  감정은 실재하지만, 실제 사실과 무조건 일치하지는 않는다. 모임에서 어색하게 굴 것 같아서 불안하다면 어떤 사람들은 그 모습을 보고 매너 있고 매력적이라고 생각할 수도 있음을 기억하자. 자신을 '있는 그대로' 받아들이려고 노력하자.

- **능력을 자진해서 꺾지 마라.**

 어차피 망할 거라고 넘겨짚고 사람들과 어울리는 자리를 피하지 말자. 그런 예상 대신 사람들과 화기애애하게 소통하는 모습을 상상해보자.

- **불필요한 걸림돌을 없애라.**

 여러 사람 앞에서 자신을 소개하는 말처럼 가장 기본적인 것은 미리 연습해보자.

- **소극적인 태도를 조절하라.**

 아무것도 안 하려고 하지 말고 사람들 속에 조금이라도 섞여보자.

- **먼저 다가가라.**

 누가 와서 구해주기만을 기다리지 말고 먼저 참여하자.

- **가볍게 생각하라.**

  대단히 인상적인 말을 해야 할 필요는 없다.

- **친숙한 대화 소재는 많다.**

  날씨처럼 가장 떠올리기 쉽고 친숙한 소재들로 이야기를 시작해보자.

- **양가감정을 다스려라.**

  "말을 해야 하나? 아니면 하지 말아야 하나?"라고 자문만 하다 보면 대화할 기회는 사라진다. 이런 고민은 대부분 그냥 말하는 것이 정답이다.

- **의구심을 줄여라.**

  무슨 말이 적당할지 너무 고민하지 말자. 해도 되는 말인지 잘 모를 때는 그냥 말해보자.

- **가만히 얼어 있지 말자.**

  어떤 상황이든 인사 정도는 할 수 있다.

- **거절당하면 후퇴하라.**

  거절당할지 모른다는 두려움은 보통 상상일 뿐이다. 정말로 누군가 내 의견을 거절했고 그럴 만한 이유가 있었다면, 쓸만한 부분만 간직하면 된다.

- **사람들의 수줍음을 긍정적으로 바라보자.**

  사람들이 자신에게 무관심해 보인다고만 생각하지 말고 친구가 될 수도 있다고 여기자.

- **과도한 겸손에 빠지지 말자.**

  자신의 좋은 면을 매일 한 가지씩 남들에게 이야기하는 연습을 해보자. 여러 사람 앞에서 뻔뻔해지는 데 도움이 된다.

- **경계심은 풀어라.**

  멀찍이 물러나서 남들 손에 다 맡기려고만 하면 안 된다. 우호적인 사람도 있다는 생각으로 그런 사람을 찾아보자.

- **부끄러움이 많은 성격이라면 그대로 받아들여라.**

  원래 부끄러움이 많은 편이라면, 타고난 특성을 무조건 없애려고 하지 마라. 대신 감정은 스스로 조절할 수 있다. 다른 사람과 대화할 때는 먼저 그들에 관해 물어보고 상대방의 관심사를 찾아보자. 이렇게 하면 자기 이야기를 많이 하지 않아도 상대방에게는 대화하기 좋은 사람이라는 인상을 줄 수 있다.

- **대담함이 필수는 아니다.**

  소극적이더라도 차분하게 대화를 시도해보자.

- **즉각적인 결실을 기대하지 말자.**

  낯선 사람들과 어울릴 때 적응하는 속도가 느린 사람도 있다. 혼자만 그런 게 아니며 이상한 일도 아니다.

- **편도체만 탓하지 마라.**

  사람들과 어울릴 때 느끼는 불안감은 편도체의 민감한 반응과 관련이 있지만, 습관을 잘 들이면 불필요한 스트레스로부터 자신을 보호할 수 있다. 편도체가 민감하게 반응하더라도 남들과 대화하는 것이 더 이상 두렵지 않을 때까지 계속 연습하면 괜찮아진다.

- **쿵쾅대는 심장에 너무 집중하지 말자.**

  심장이 빨리 뛰기 시작할 때 거기에만 집중하면 현재 상황보다 자신이 긴장했다는 사실에 더 몰두하게 된다. 상황에 집중하라. 심장은 그냥 둬도 알아서 잘 뛴다.

- **보디랭귀지에 유념하자.**

  시선이 자꾸 바닥을 향하면 남들이 보기에 불안해 보인다. 고개를 들어 한곳만 뚫어지게 보지 말고 주변을 골고루 둘러보자. 더 자신 있어 보일 것이다.

- **고개를 끄덕이자.**

  고개를 끄덕이는 몸짓은 수용의 신호다. 사람들은 대부분 받아들여지는 것을 좋아한다.

- **미소를 짓자.**

  즐거운 일을 떠올리면서 자연스럽게 미소를 지어보자.

- **사람들의 표정을 너무 깊이 해독하려고 하지 말자.**

  표정만 보고 이유나 의미를 추측하는 것은 위험한 시도다. 인간은 다른 사람의 얼굴을 읽는 능력을 타고나지만, 모든 표정이 쉽게 읽히지는 않는다.

- **사실에 집중하라.**

  자기만의 생각에 빠져 있지 말고, 지금 일어나고 있는 일을 객관적으로 관찰한 뒤 반응하자.

- **재평가하자.**

  거절당하지 않으려면 첫인상이 좋아야 한다고 생각할 수 있다. 적당히 좋은 인상을 심어주는 계획을 세우되, 결과에 너무 큰 의미를 두지 말자.

- **어울리지 않는 기대는 버려라.**

  파티를 즐기는 성격도 아니면서 파티마다 모두를 즐겁게 만드는 사람이 되겠다는 목표를 정할 필요는 없다.

- **생각을 뒤집자.**

  모두가 자신을 거부할 것 같아서 두려울 수 있다. 그럴 땐 모임이나 행사 시간 중 딱 10퍼센트만 사람들과 어울리면 100만 달러가 생기는 게임에 참가했다고 상상해보자. 얼마든지 해낼 수 있다.

- **상황을 휘어잡지 않아도 된다.**

  남들에게 관심을 보이고, 몇 가지 생각을 공유하고, 다른 사람들의 이야기를 듣는 것으로 충분하다. 의견은 마음이 내키는 주제가 나올 때 제시하면 된다.

- **예상치 못한 기분 좋은 일들을 기대해보자.**

  사람들과 뜻밖의 유대감을 느낄 수도 있다.

- **완벽한 말만 하려고 하지 말자.**

  칵테일파티 효과✔를 기억하자. 대체로 한 가지 주제만

✔ 여러 사람이 이야기하는 상황에서, 한꺼번에 들리는 청각 정보 중 자신에게 의미가 있는 정보에만 선택적으로 집중해서 골라 듣는 현상이다.

집중적으로 이야기하는 경우는 별로 없으며, 대화할 때 늘 각자 자기 의견을 이야기한다.

- **특정한 경우에만 사회 활동을 한다는 규칙은 없애라.**
  마음이 편안할 때 모험을 시도해보겠다는 생각은 전혀 도움이 안 된다. 꾸물거리는 것일 뿐이다. 마음이 불편해도 발이나 담가보자는 생각으로 일단 시도해보면 의외로 아무렇지 않을 수도 있다.

- **남들의 시선을 지나치게 신경 쓰지 마라.**
  자신의 마음 상태는 누구보다 자신이 가장 잘 안다.

- **불안감을 특정 상황과 연결하지 말자.**
  어떤 상황에서는 사람들과 어울리는 것이 두렵지만 다른 상황에서는 그렇지 않다면, 무슨 차이가 있는지 정확히 설명할 수 있을까?

- **열등감을 이겨내자.**
  부족하다고 느끼는 점보다 자신의 강점에 더 집중하자.

- **가장 자신 있는 사교 기술을 연마하자.**

  자신 있는 기술을 적어본다. 그리고 사람들과 어울릴 일이 생길 때마다 하나씩 활용해보자.

- **수치심은 버려라.**

  세상에 쓸모없는 존재는 없다. 자신이 쓸모없다고 느낀다면, 자신을 실제와 다른 존재로 착각하고 있을 뿐이다.

- **비합리적인 죄책감에서 벗어나라.**

  자신만 아는 실수 때문에 자책하는 건 어리석은 일이다.

- **자꾸 말해보자.**

  말하기는 연습할수록 수월해진다.

- **결점만 찾아내지 말자.**

  자신의 결점이 눈에 띌 때마다 남들이 내 장점이라고 여길 만한 점도 찾아보자.

- **의뭉스럽게 굴지 말자.**

  자꾸 피하고 얼버무리면 부정적인 관심을 끌게 된다.

- **미리 대비하자.**

  사회생활의 긴장감에 적응해서 살아갈 방법을 찾아보자.

  시간이 지나면 견뎌야 하는 긴장감도 점점 줄어든다.

- **술기운을 빌리고 싶은 유혹은 물리쳐라.**

  술의 영향으로 감각이 둔해지면 문제가 생길 가능성이 커지고, 긴장해서 술도 더 많이 마시게 된다.

- **모두의 마음을 얻을 수는 없다.**

  만인이 전부 좋아하는 사람은 없다.

더 읽을거리

국내 출간 도서

데이비드 A. 카보넬David A. Carbonell, 《나는 왜 걱정이 많을까The Worry Trick: How Your Brain Tricks You into Expecting the Worst and What You Can Do About It》, 사우, 2016.

샐리 M. 윈스턴Sally M. Winston, 마틴 N. 세이프Martin N. Seif, 《오늘도 망설이다 하루가 다 갔다Overcoming Anticipatory Anxiety: A CBT Guide for Moving past Chronic Indecisiveness, Avoidance, and Catastrophic Thinking》, 심심, 2023.

샐리 M. 윈스턴Sally M. Winston, 마틴 N. 세이프Martin N. Seif, 《자꾸 이상한 생각이 달라붙어요Overcoming Unwanted Intrusive Thoughts: A CBT-Based Guide to Getting Over Frightening, Obsessive, or Disturbing Thoughts》, 교양인, 2021.

제니퍼 섀넌Jennifer Shannon, 《내 마음이 불안할 때Don't Feed the Monkey Mind:

How to Stop the Cycle of Anxiety, Fear, and Worry》, 빌리버튼, 2021.

존 P. 포사이스John P. Forsyth, 게오르크 H. 에이퍼트Georg H. Eifert, 《불안해서 밤을 잊은 그대에게Anxiety Happens: 52 Ways to Find Peace of Mind》, 생각의서재, 2018.

존 허쉬필드Jon Hershfield, 톰 코보이Tom Corboy, 《강박장애 극복을 위한 마음챙김 워크북Mindfulness Workbook for OCD: A Guide to Overcoming Obsessions and Compulsions Using Mindfulness and Cognitive Behavioral Therapy》, 학지사, 2020.

캐서린 M. 피트먼Catherine M. Pittman, 엘리자베스 M. 칼Elizabeth M. Karle, 《불안할 땐 뇌과학Rewire Your Anxious Brain: How to Use the Neuroscience of Fear to End Anxiety, Panic, and Worry》, 현대지성, 2023.

해외 도서

Alexander L. Chapman, Kim L. Gratz, Matthew T. Tull, *DBT Skills Workbook for Anxiety: Breaking Free from Worry, Panic, PTSD, and Other Anxiety Symptoms,* New Harbinger Publications, 2011.

Amy Johnson, *Just a Thought: A No-Willpower Approach to Overcome Self-Doubt and Make Peace with Your Mind*, New Harbinger Publications, 2022.

Bob Stahl, Florence Meleo-Meyer, Lynn Koerbel, *MBSR Workbook for Anxiety*, New Harbinger Publications, 2014.

Jamie Castillo, *What Happened to Make You Anxious: How to Uncover the Little 't' Traumas that Drive Your Anxiety, Worry, and Fear*, New Harbinger Publications, 2022.

John P. Forsyth, Georg H. Eifert, *The Mindfulness and Acceptance Workbook for Anxiety: A guide to Breaking Free from Anxiety, Phobias, and Worry using Acceptance and Commitment Therapy*, New Harbinger Publications, 2016.

Martin M. Seif, Sally M. Winston, *Needing to Know for Sure: A CBT-Based Guide to Overcoming Compulsive Checking and Reassurance Seeking*, New Harbinger Publications, 2019.

Michael A. Tompkins, *Anxiety and Avoidance: A Universal Treatment for Anxiety, Panic, and Fear*, New Harbinger Publications, 2013.

Randy J. Paterson, *How to Be Miserable: 40 Strategies You Already Use*, New Harbinger Publications, 2016.

William J. Knaus, *CBT Workbook for Anxiety: A Step-by-Step Program*, New Harbinger Publications, 2014.

참고 문헌

Einstein, D. A., and R. G. Menzies. 2004. "Role of Magical Thinking in Obsessive-Compulsive Symptoms in an Undergraduate Sample." *Depression and Anxiety* 19 (3): 174–79.

Ellis, A. 2000. *How to Control Your Anxiety Before It Controls You*. New York: Citadel Press.

Ellis, A., and R. A. Harper. 1997. *A Guide to Rational Living*. 3rd ed. North Hollywood, CA: Wilshire Book Company.

Hayes, S. C. 2004. "Acceptance and Commitment Therapy and the New Behavior Therapies." *In Mindfulness and Acceptance: Expanding the Cognitive-Behavioral Tradition*, edited by S. C. Hayes, V. M. Follette, and M. M. Linehan. New York: Guilford.

Hayes, S. C., with S. Smith. 2005. *Get Out of Your Mind and Into*

Your Life: The New Acceptance and Commitment Therapy. Oakland, CA: New Harbinger Publications.

McMillan, K. A., G. J. Asmundson, M. J. Zvolensky, and R. N. Carleton. 2012. "Startle Response and Anxiety Sensitivity: Subcortical Indices of Physiologic Arousal and Fear Responding." *Emotion* 12 (6): 1264–72.

Olatunji, B. O., K. Naragon-Gainey, and K. B. Wolitzky-Taylor. 2013. "Specificity of Rumination in Anxiety and Depression: A Multimodal Meta-Analysis." *Clinical Psychology: Science and Practice* 20 (3): 225–57.

Schwartz, J. M., and S. Begley. 2003. *The Mind and the Brain: Neuroplasticity and the Power of Mental Force*. New York: Harper Collins.

Wegner, D., D. Schneider, S. Carter, and T. White. 1987. "Paradoxical Effects of Thought Suppression." *Journal of Personality and Social Psychology* 53: 5–13.

옮긴이 제효영

성균관대학교 유전공학과와 성균관대학교 번역대학원을 졸업했다. 옮긴 책으로는《몸은 기억한다》,《과학이 사랑에 대해 말해줄 수 있는 모든 것》,《버자이너》,《우울에서 벗어나는 46가지 방법》,《펭귄들의 세상은 내가 사는 세상이다》,《또 화내고 늘 후회하고 있다면》 등이 있다.

생각이 나를 괴롭힐 때

첫판 1쇄 펴낸날 2024년 4월 12일
2쇄 펴낸날 2024년 6월 25일

지은이 데이비드 A. 카보넬, 마틴 N. 세이프, 샐리 M. 윈스턴, 에이미 존슨, 엘리자베스 M. 칼, 윌리엄 J. 너스, 제니퍼 섀넌, 존 허쉬필드, 캐서린 M. 피트먼, 톰 코보이
옮긴이 제효영
발행인 김혜경
편집인 김수진
책임편집 조정현
편집기획 김교석 조한나 유승연 문해림 김유진 곽세라 전하연 박혜인
디자인 한승연 성윤정
경영지원국 안정숙
마케팅 문창운 백윤진 박희원
회계 임옥희 양여진 김주연

펴낸곳 (주)도서출판 푸른숲
출판등록 2003년 12월 17일 제2003-000032호
주소 서울특별시 마포구 토정로 35-1 2층, 우편번호 04083
전화 02)6392-7871, 2(마케팅부), 02)6392-7873(편집부)
팩스 02)6392-7875
홈페이지 www.prunsoop.co.kr
페이스북 www.facebook.com/simsimpress 인스타그램 @simsimbooks

ISBN 979-11-5675-605-7 (04180)
979-11-5675-457-2 (세트)

심심은 (주)도서출판 푸른숲의 인문 · 심리 브랜드입니다.

* 잘못된 책은 구입하신 서점에서 바꾸어 드립니다.
* 본서의 반품 기한은 2029년 6월 30일까지입니다.